Émilie Faurie

W0313800

APPRENDRE À CRÉER *ses patrons*

6 leçons et **5 modèles** en pas à pas

Photographies : Virginie Garnier
Stylisme : Aurore Sfez

MANGO
éditions

sommaire

La leçon de couture

Les modèles

Introduction

La couture, c'est le plaisir de voir naître entre ses mains un vêtement. On passe du temps à décider quel sera le patron, on imagine des combinaisons de tissus, on choisit avec soin ses boutons, ses passepoils, tout ce qui fera de ce futur ouvrage notre nouvelle pièce chérie. Et, peu à peu, avec l'expérience, on tente modifier les patrons du commerce pour se les approprier, y adjoindre des modifications afin de rendre son vêtement unique, jusqu'à vouloir créer son propre modèle.

C'est par toutes ces étapes que je suis passée, depuis mes débuts en couture jusqu'à devenir créatrice de patrons. Vous allez découvrir comment je travaille. Et j'espère, avec ce livre, vous donner les outils et l'envie de vous initier au patronage. Réaliser ses propres patrons permet d'ouvrir à l'infini le champ des possibles et de donner vie à sa garde-robe idéale. Vous pourrez ainsi dépasser les limites de « morpho compatibilité » des modèles, car le patron sera fait à vos mesures.

Nous aborderons la réalisation des patrons de base du buste et de la jupe, étapes indispensables afin d'avoir des éléments de travail solides sur lesquels appliquer ensuite les transformations. Nous verrons ensuite comment transformer et modifier ces bases pour personnaliser vos créations.
Les transformations seront illustrées par différentes réalisations, de quoi vous donner des idées et surtout la possibilité de franchir le pas et de vous confectionner de jolis modèles sur mesure !

Alors, préparez la toile à patron, sortez les règles et les crayons, déroulez le papier de soie… on se lance !

Émilie

La leçon de couture

6
4
7
9
11
CLOVER
BOHIN

10
3
12
1
BOHIN
5

LE MATÉRIEL

1. 1 rouleau de papier quadrillé 1 x 1 cm
2. Papier de soie pour décalquer les patrons
3. 1 équerre
4. 1 longue règle
5. 1 pistolet (ou perroquet) de couture
6. 1 mètre de couturière
7. 1 crayon de papier pour aisément effacer et reprendre les tracés sur le papier quadrillé
8. 1 stylo
9. 1 feutre pour tissu
10. Masking-tape
11. 1 paire de ciseaux
12. Toile à patron (ou, à défaut, tissu en coton très ordinaire)

LES PATRONS DE BASE

La réalisation des patrons de base peut sembler effrayante ou rébarbative car, il n'y a pas à tergiverser, il va falloir suivre des règles, et monter des toiles ! La façon dont j'aborde la construction du patron de base vient de mes différentes lectures sur le sujet, mais avec une volonté de rendre la technique abordable et surtout d'obtenir une base de travail propice à la réalisation de vos propres patrons.

LE PATRON DE BASE DU BUSTE

Le patron de base du buste fournira la base de travail pour l'élaboration de tous vos hauts, mais aussi pour effectuer un corsage de robe. Sa réalisation vous permettra aussi de mieux comprendre et aborder les patrons du commerce et, par la suite, leurs transformations afin de les personnaliser.

Les mesures à prendre

Enfilez un soutien-gorge sans rembourrage qui maintient bien votre poitrine.

Pour vous aider, vous pouvez marquer sur votre corps ces repères à l'aide de masking-tape. Notez soigneusement les différentes mesures que vous allez prendre.

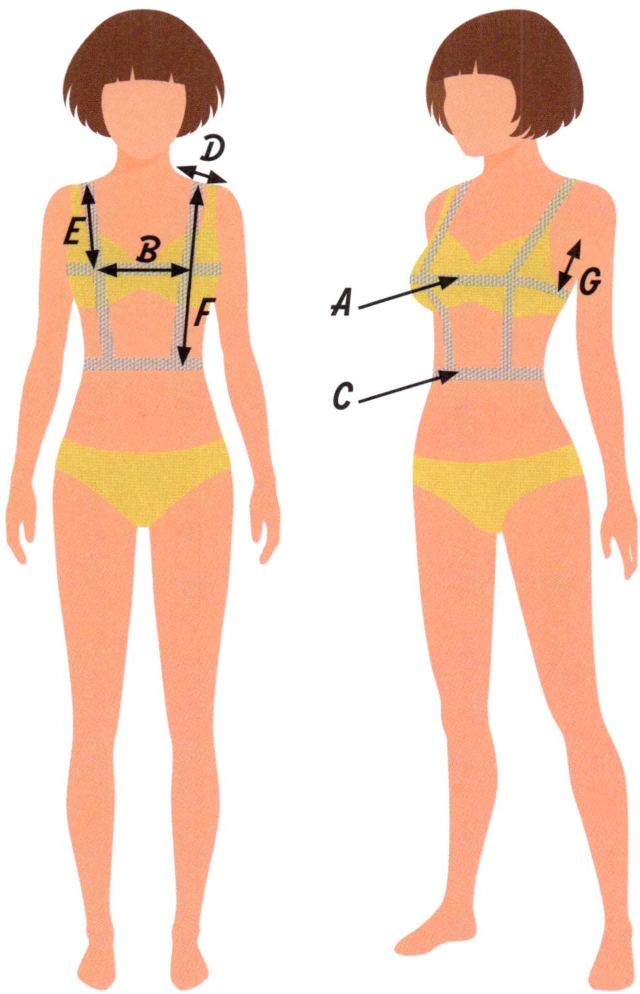

A : le tour de poitrine.

B : la distance entre les deux pointes de sein.

C : le tour de taille.

D : la longueur d'épaule, depuis la base du cou jusqu'au sommet de l'articulation avec le bras.

E : la hauteur de poitrine ; distance entre l'épaule et la pointe de la poitrine (en plaquant bien le mètre, à partir de la zone qui préfigure la couture d'épaule jusqu'à la pointe du sein).

F : la hauteur du buste : distance allant de la base du cou en passant par la pointe du sein jusqu'à la ligne de tour de taille.

G : la distance allant du creux de l'aisselle jusqu'à la ligne de poitrine.

Le tracé du buste devant

Prenez une feuille de papier quadrillé. Marquez le point 1 sur votre feuille, il préfigure la pointe du sein.
Tracez une ligne horizontale passant par ce point : c'est **la ligne de poitrine**.
Tracez une verticale passant par le point 1 et reportez-y, depuis le point 1, la mesure E (hauteur de poitrine), vers le haut, marquez-y le point X.
À partir du point X, mesurez 1 cm vers la droite puis 1 cm vers le haut, marquez le point 3.
Tracez une ligne horizontale passant par 3, c'est **la ligne d'encolure**.
Divisez la mesure B (écartement des seins) par 2 et reportez cette valeur sur la ligne de poitrine, vers la droite, à partir du point 1, et marquez le point 2.
Tracez une verticale passant par le point 2 : c'est **la ligne du milieu devant (MDVT)**.

À l'intersection de la ligne MDVT et de la ligne d'encolure, marquez le point 4.

Sur la ligne MDVT et 6 cm plus bas que le point 4, marquez le point 5.
À l'aide du pistolet, tracez **la courbe d'encolure** qui passe par les points 3 et 5.

Voir schéma 1

Tracez une ligne horizontale passant par le point 5 : c'est **la ligne d'épaule**.
À mi-distance des lignes d'encolure et de poitrine, tracez une ligne horizontale : c'est **la ligne de carrure**.
Prolongez la ligne qui va du point X au point 1, en utilisant la mesure F (hauteur de buste) à partir du point X, marquez le point 1'. Tracez une ligne horizontale passant par 1'. Vous obtenez **la ligne de taille**.
Divisez par 4 la mesure A (tour de poitrine), ajoutez-y 1, et reportez la valeur obtenue sur la ligne de poitrine en partant du point 2, en direction du point 1, et marquez le point 6.
Tracez la ligne verticale passant par le point 6 : c'est **la ligne de côté (LDC)**.
Repérez le point d'intersection entre la LDC et la ligne de carrure, mesurez 4 cm à droite sur la ligne de carrure et marquez le point 7.
Repérez le point d'intersection entre la LDC et la ligne d'épaule, mesurez 2 cm à droite sur la ligne d'épaule et marquez le point 8.
Retranchez 4 cm à la mesure G (aisselle-poitrine), reportez cette valeur sur la ligne LDC à partir du point 6 vers le haut, marquez alors le point 9.

Voir schéma 2

Tracez la ligne horizontale qui passe par le point 9, **c'est la ligne d'emmanchure**.

Tracez à l'aide du pistolet une courbe qui relie les points 7, 8 et 9. Regardez bien sur l'illustration le positionnement du pistolet afin d'avoir une courbe qui s'arrondit et vient « mourir » presque à l'horizontale à 1 cm du point 9 sur la ligne d'emmanchure. Vous venez de tracer **la courbe d'emmanchure**.

Voir photo 3

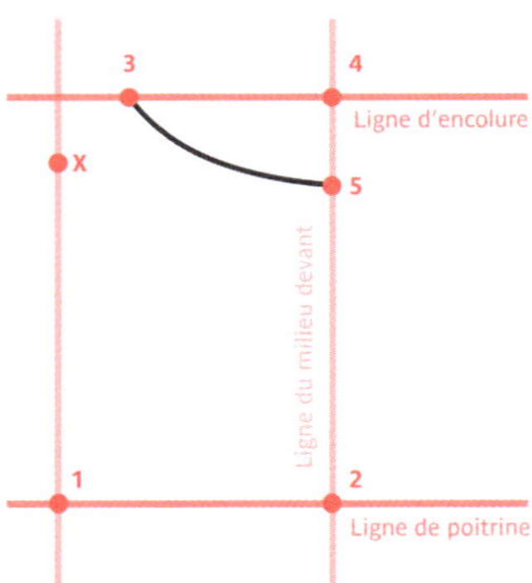

1

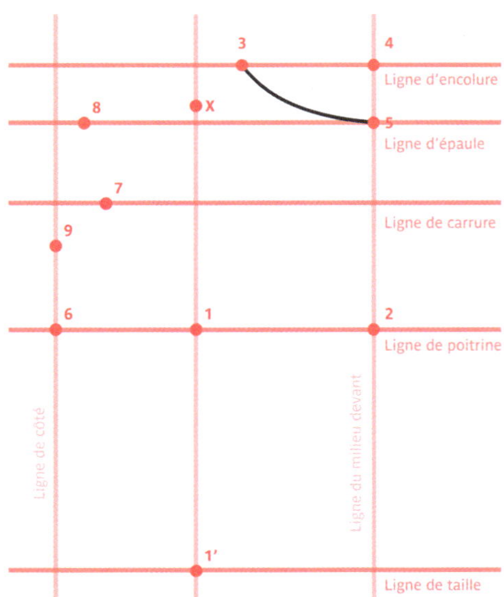

2

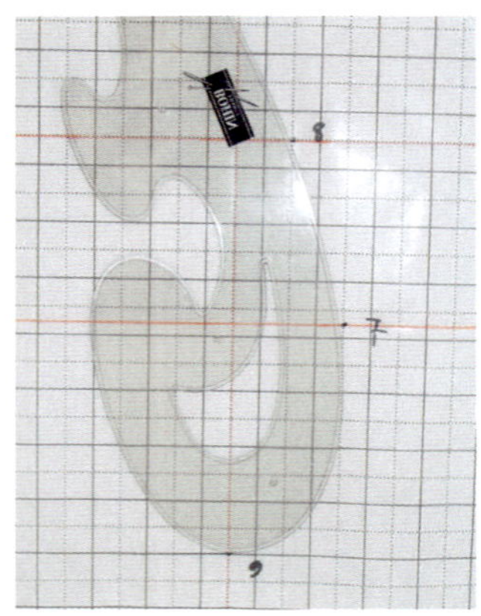

3

Le tracé de l'épaule et de la pince d'épaule

Tracez ensuite la ligne qui relie les points 3 et 8 et mesurez la distance qui les sépare. Retranchez cette valeur de la valeur D (longueur d'épaule), vous obtenez **la profondeur de la pince d'épaule**.

Prolongez la ligne passant par les points X et 1 pour couper la ligne passant par les points 3 et 8. À partir de ce point d'intersection, reportez en direction de 8, sur la ligne passant par les points 3 et 8, la valeur de la profondeur de la pince d'épaule, et marquez le point X'. Reliez X' et 1, vous obtenez le tracé de la pince d'épaule, soit le triangle défini par les points 1, X' et l'intersection des lignes 3/8 et 1/X.

Voir schéma 1

1

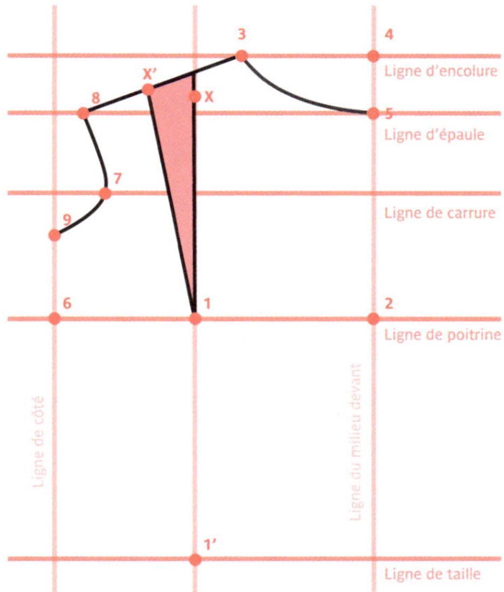

Le tracé de la pince de taille

Calculez A (tour de poitrine) moins C (tour de taille). Divisez cette valeur par 2, retranchez 1, et divisez le résultat obtenu par 4 : vous obtenez la valeur de **la pince de taille**.

Répartissez cette valeur sur la ligne de taille en prenant comme milieu le point 1'. À partir du point 1, descendez de 2 cm sur la ligne 1/1', vous obtenez le sommet (la pointe) de la pince de taille. Vous pouvez à présent tracer la pince de taille.

Voir schéma 2

2

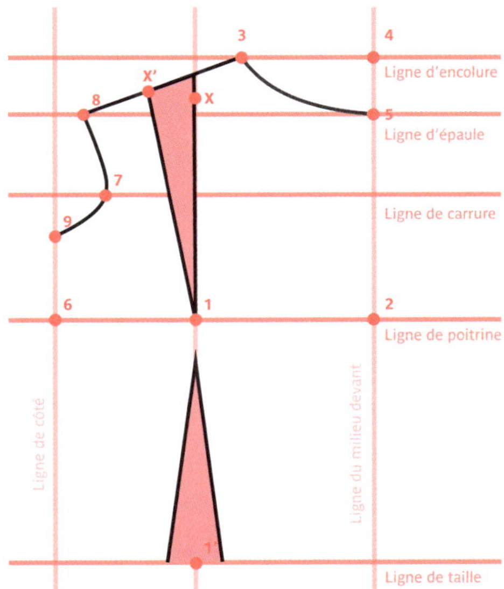

Le tracé du buste dos

Tout d'abord, reportez plusieurs lignes de construction sur une nouvelle feuille de papier :

- la ligne LDC avec le point 6 et le point 9 ;
- la ligne de poitrine ;
- la ligne d'encolure ;
- la ligne de taille ;
- la ligne d'emmanchure ;
- la ligne de carrure ;
- la ligne d'épaule.

Divisez la valeur A (tour de poitrine) par 4, retranchez 1. Reportez cette mesure à partir du point 6, sur la ligne de poitrine, vers la gauche et marquez le point 2'. Tracez la verticale passant par 2', vous obtenez la ligne du milieu dos (MDS). À l'intersection de la ligne MDS et de la ligne d'encolure, marquez le point 10. À 7 cm à gauche du point 10, marquez le point 11. À 2,5 cm en dessous du point 10, sur la ligne MDS, marquez le point 12.

Voir schéma 1

À l'aide du pistolet, reliez les points 11 et 12 pour obtenir **la courbe d'encolure dos**.
À 3 cm à droite de la LDC, sur la ligne de carrure, marquez le point 13.
À 2 cm à droite de la LDC, sur la ligne d'épaule, marquez le point 14.

Tracez au pistolet la courbe d'emmanchure dos qui passera par les points 14, 13 et 9, en réalisant une courbe moins accentuée que pour **la ligne d'emmanchure devant**.

Voir schéma 2

Le tracé des pinces

Vous allez à présent tracer **la pince d'épaule dos**. Tout comme pour le devant, il faut absorber la différence entre la valeur D (longueur d'épaule) et la mesure 11-14 par une pince. Marquez le milieu de 11-14 et répartissez la valeur de pince de part et d'autre. Tracez, à partir du milieu, une perpendiculaire qui coupe la ligne d'épaule, puis tracez la pince.

Voir schéma 3

Pince de taille du buste dos : sa valeur est identique à celle de la pince de taille du devant. Placez un repère au milieu de la ligne de taille entre la ligne du MDS et la LDC, puis répartissez la valeur de pince de part et d'autre.

Tracez la perpendiculaire à la ligne de taille, passant par ce repère et qui viendra couper la ligne de poitrine, marquez-y un point, 3 cm plus bas, c'est le sommet (la pointe) de la pince de taille. Vous pouvez à présent tracer la pince de taille.

Le tracé patron de base du buste est terminé, il est temps de faire le patron afin de le valider ou, le cas échéant, d'apporter quelques modifications.

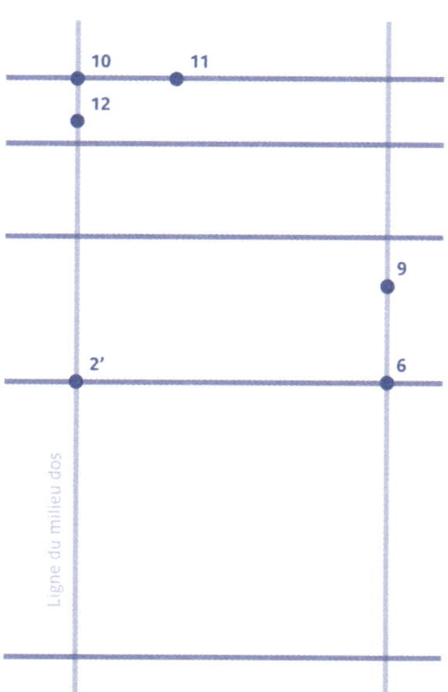

1

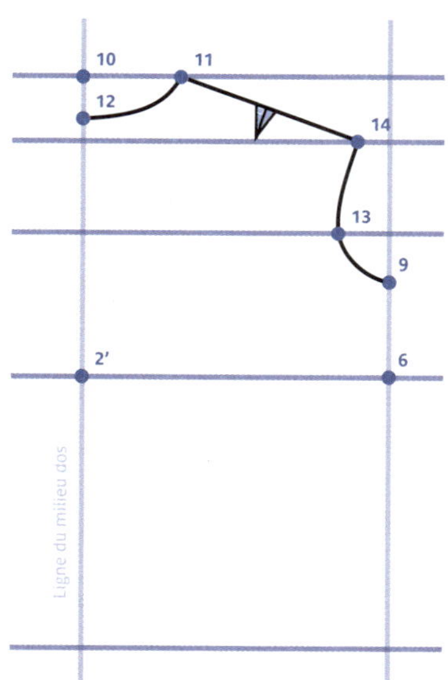

2

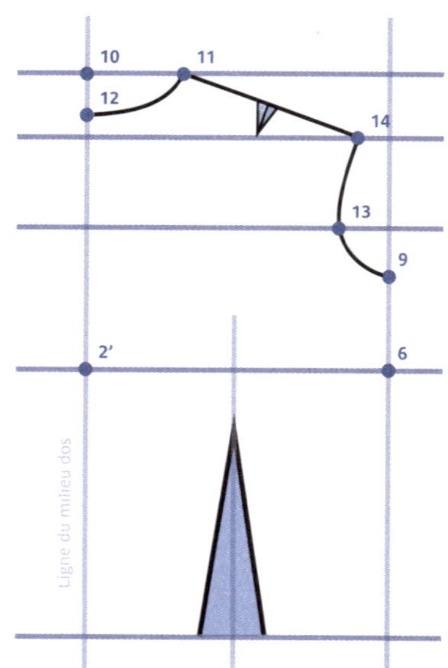

3

La réalisation du patron du buste

Tout d'abord, procédez à une première transformation, sur le patron du buste devant : **le déplacement de la pince d'épaule devant pour réaliser une pince de poitrine**. La pince d'épaule est la base de la construction du patron de base du buste, et vous allez la faire pivoter à partir du point 1 (pointe du sein) pour la déplacer.

Découpez le patron le long de la ligne de poitrine jusqu'au point 1.

Voir photo 1

Pincez ensuite la pince d'épaule et épinglez-la ou scotchez-la pour la fermer. La pince de poitrine va alors s'ouvrir le long de la fente !

Voir photo 2

Un petit bec va se former sur l'épaule.

Voir photo 3

Prolongez la ligne à partir du point 8 vers l'encolure.

Voir photo 4

Coupez pour obtenir le tracé définitif de la ligne d'épaule.

Voir photo 5

Pour la pince d'épaule dos, pincez le papier. L'entreprise est délicate car le papier va un peu se froisser. Positionnez ensuite l'épaule du buste devant face à l'épaule du buste dos, pour ajuster les longueurs d'épaule.

Voir photo 6

Tracez, comme sur la photo, et coupez à partir du point 14 vers l'encolure.

Voir photo 7

Vous pouvez à présent découper les contours du patron.

Voir photo 8

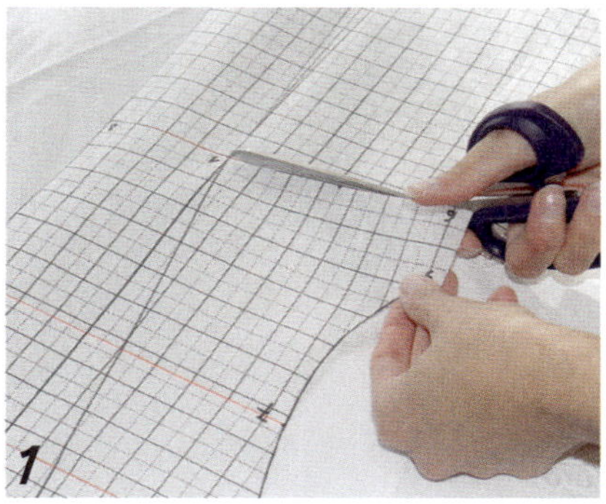
1

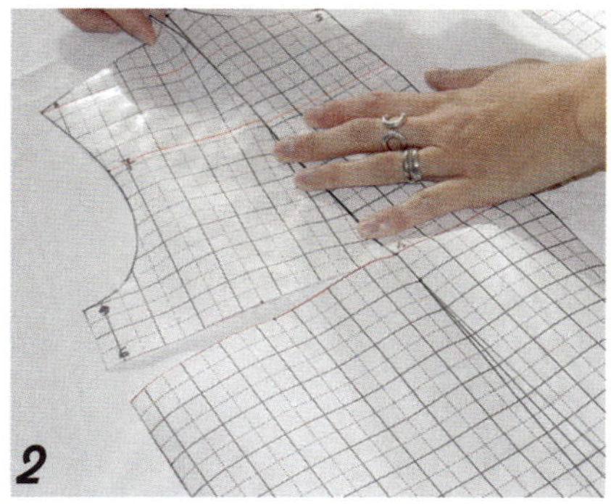
2

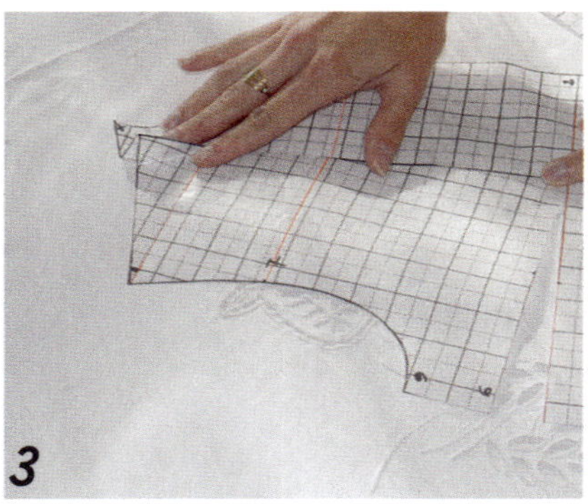
3

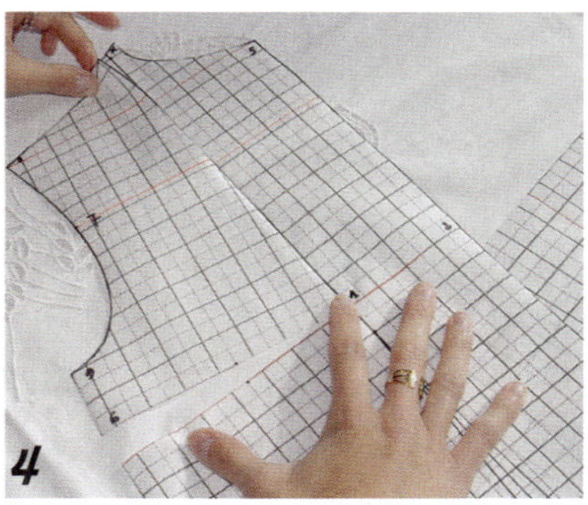
4

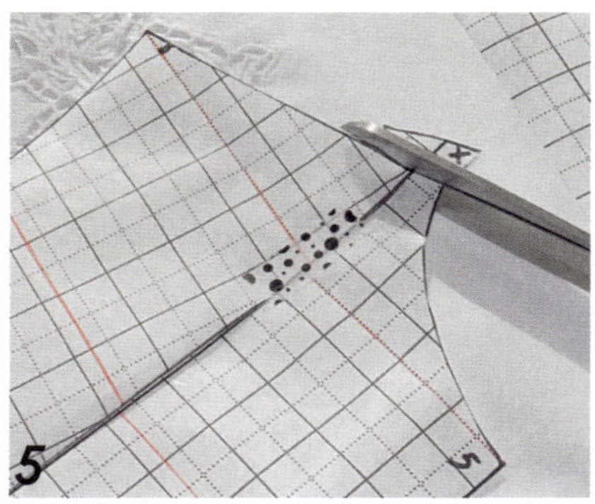
5

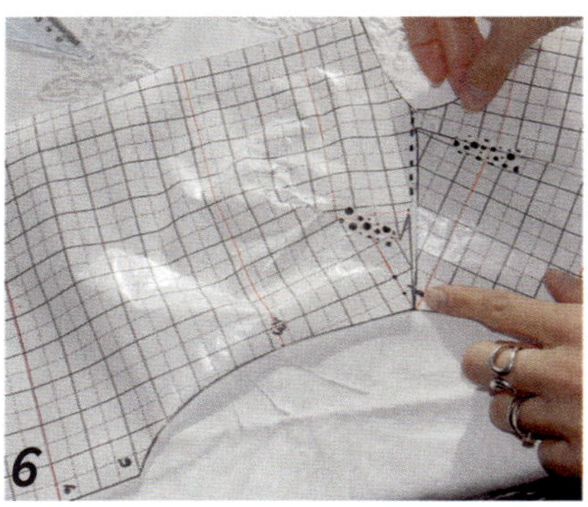
6

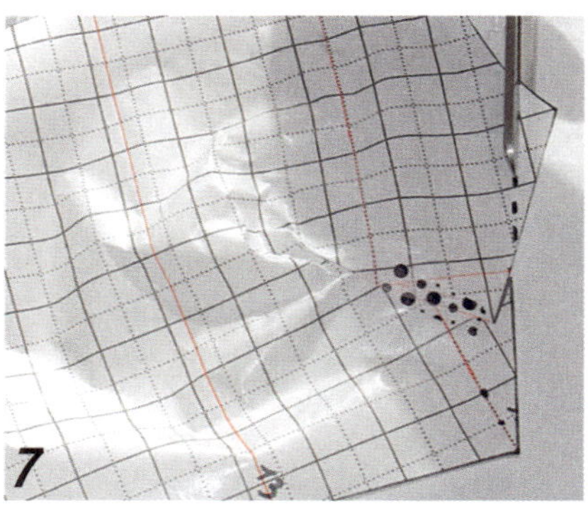
7

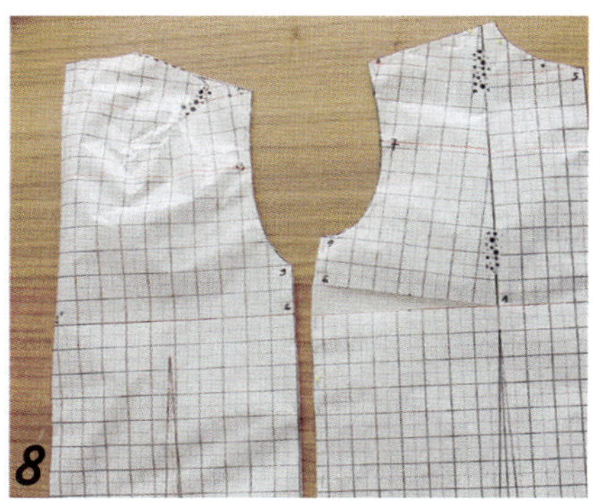
8

Le montage de la toile

Le montage de la toile du buste n'est pas compliqué, mais il y a une problématique de taille... Comment l'enfile-t-on ?! La toile du buste de base se doit d'être ajustée, l'aisance n'interviendra qu'ensuite. Mais ainsi il est impossible de passer sa tête ! Je vous propose une solution pour réaliser l'essayage en solo et sans mannequin de couture.

Positionnez, sur le tissu au pli, le patron du buste dos, et ajoutez les marges de couture à l'épaule et au côté (2 cm). Le buste devant sera coupé sur la laize repliée, mais pas au pli, afin d'obtenir deux demi-devants. Ajoutez également les marges de couture de l'épaule, des côtés et des milieux devant (2 cm). Coupez la toile.

Voir photo 1

Marquez au feutre les marges de couture des milieux devant.

Voir photo 2

Piquez les pinces de taille et de poitrine et écrasez-les bien au fer (vers le bas pour les pinces de poitrine et vers le milieu pour les pinces de taille). Puis assemblez les pièces devant et dos, endroit contre endroit, par les épaules et les côtés. Ouvrez les coutures au fer. Enfilez la toile.

Voir photo 3

Et maintenant un peu de doigté : épinglez sur vous le milieu devant le long du tracé de feutre. Si vous craignez d'être approximative en épinglant, vous pouvez aussi monter un zip.

Voir photo 4

La toile de buste de base doit être ajustée sans gêner, et les lignes de taille et de poitrine doivent correspondre aux repères de masking-tape.

Voir photos 5 et 6

Un patron de base ne prévoit pas l'aisance du futur vêtement car la valeur d'aisance varie en fonction du type de vêtement (un chemisier ajusté, une blouse, une veste, un manteau...).

1

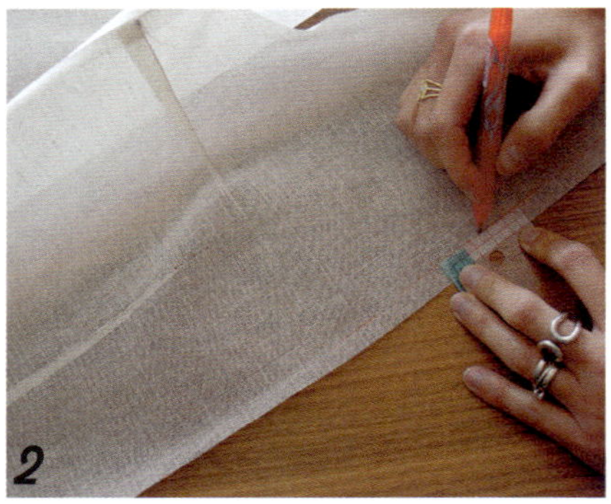
2

3

4

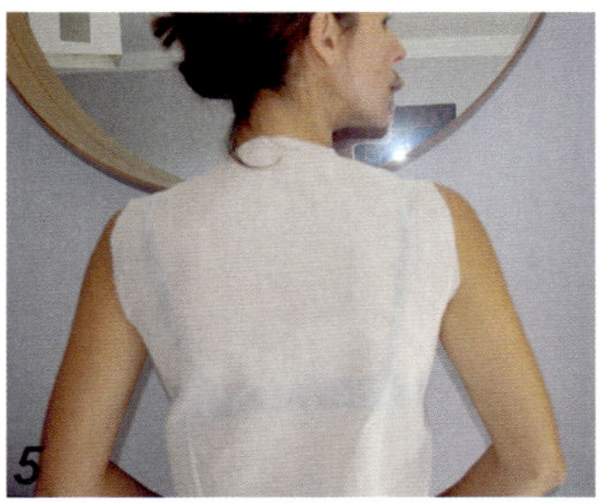
5

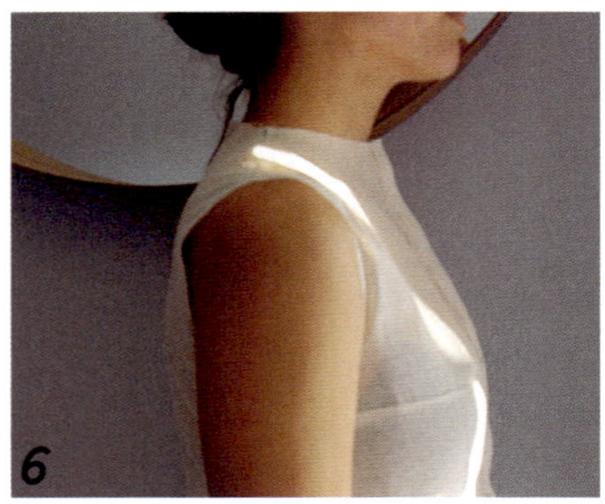
6

LE PATRON DE BASE DE LA MANCHE

Le patron de la manche s'établit à partir du patron de buste fini, avec toutes les modifications que vous aurez apportées sur le patron de base. Selon le type de vêtement que vous souhaitez confectionner, modifiez à partir du patron de buste la longueur d'épaule, le tracé des emmanchures, etc. Ce n'est que lorsque la toile est terminée que vous relevez les mesures et réalisez le patron de la manche.

Afin de construire la manche, mesurez au préalable, avec le bras plié, **la longueur de manche** : du haut de l'épaule jusqu'au poignet.

Mesurez également le tour de poignet.

Fixez par le côté les pièces des bustes devant et dos du patron avec un morceau de masking-tape.

Voir photo 1

Différentes valeurs vont être nécessaires pour réaliser la manche.

Tracez la ligne qui relie les points 8 et 14 et mesurez la longueur entre cette ligne et le bas de l'emmanchure, perpendiculairement à la ligne d'emmanchure, vous obtenez **la profondeur d'emmanchure**.

Voir photo 2 et schéma 3

Calculez : profondeur d'emmanchure moins 1/6 de la profondeur d'emmanchure, vous obtenez **la hauteur de tête de manche**.

À l'aide d'un mètre-ruban, mesurez sur les pièces du buste devant et dos **les longueurs d'emmanchure**.

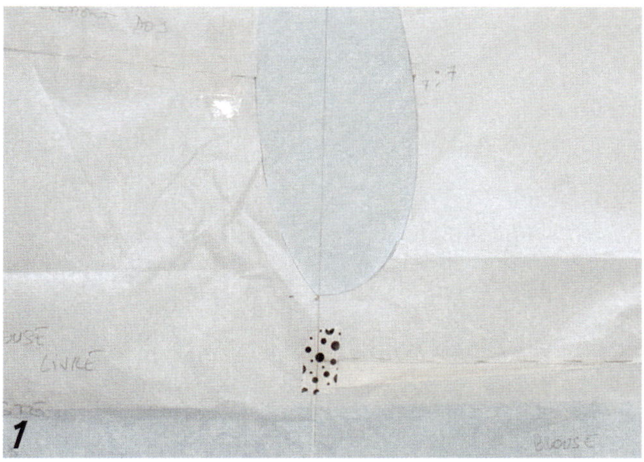

1

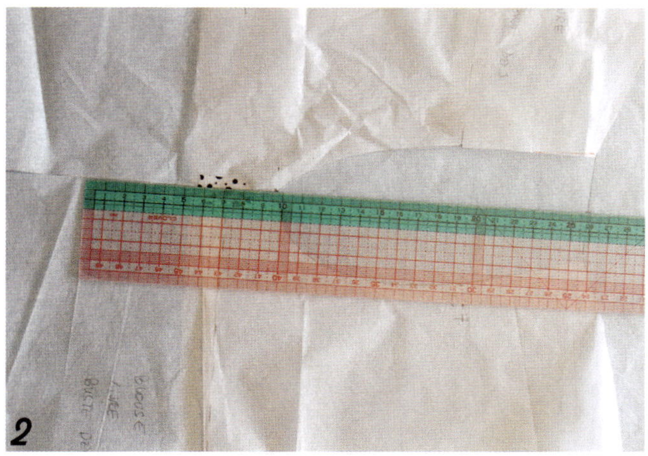

2

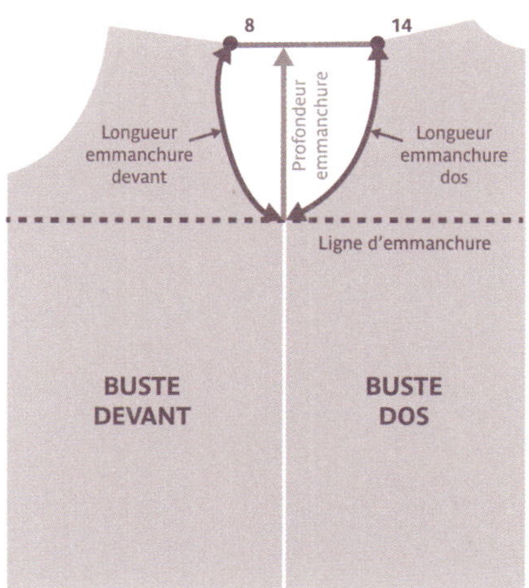

3

Le tracé du patron de la manche

Tracez un rectangle ABDC où AB = CD = longueur de manche ; CE = 3/4 longueur d'emmanchure dos ; EA = 3/4 longueur d'emmanchure devant.

Tracez la perpendiculaire à AC partant du point E d'une longueur égale à la tête de manche, et marquez le point E'.

Tracez la perpendiculaire à EE' passant par E' et coupant AB au point G et CD au point H.

Reliez les points E et H et les points E et G.

Divisez EG par 2 et marquez le point 1, divisez EH par 3 et marquez les points 2 et 3.

Voir schéma 1 et photo 2

1
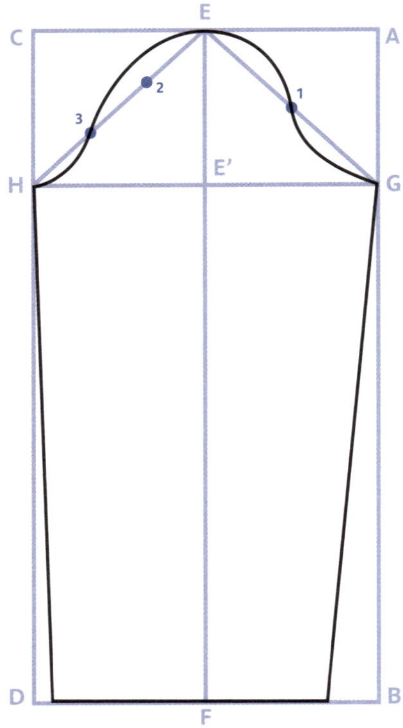

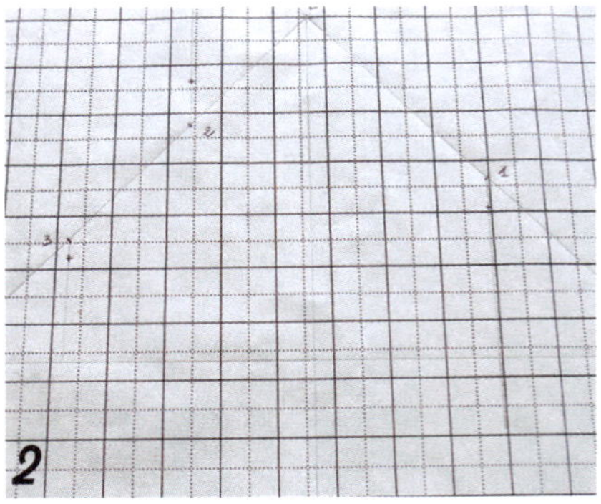
2

Le dessin de la tête de manche

Elle passe par différents points que vous reliez au pistolet.

À 6 mm sous le milieu de H3, puis par le point 3, à 12 mm au-dessus du point 2, par le point E, par le point 1 et à 18 mm sous le milieu de 1G. Le sommet de la tête de manche devra présenter un tracé doucement arrondi.

Voir photos 1, 2, 3 et 4

Prolongez la ligne EE', elle coupe BD au point F.

Multipliez le tour de poignet par 1,5 et répartissez 2/5 de cette valeur sur BF à partir du point F, et 3/5 de cette valeur sur DF à partir du point F.

Reliez ces points aux points G et H.

Voir schéma 1

Bravo la manche est terminée !

Il ne vous reste plus qu'à ajouter les marges de couture sur le pourtour de la pièce (1 cm). Pensez à marquer le devant et le dos, la tête de manche et le droit-fil.

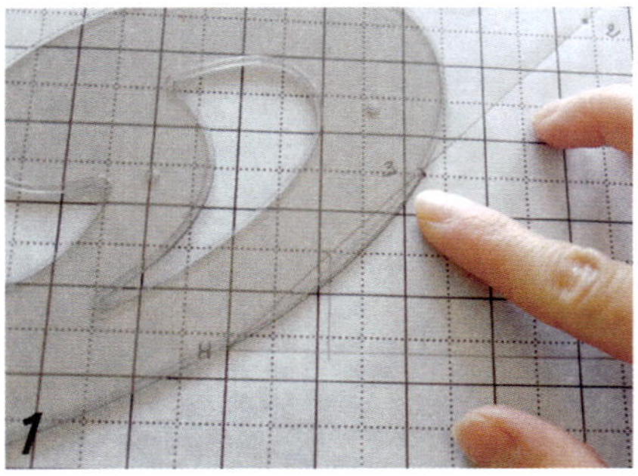
1

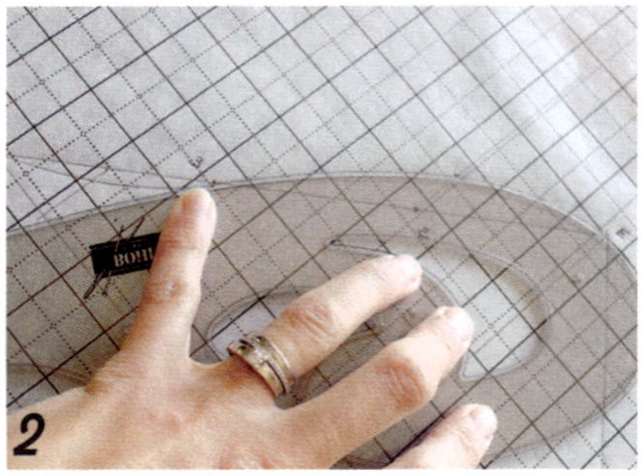
2

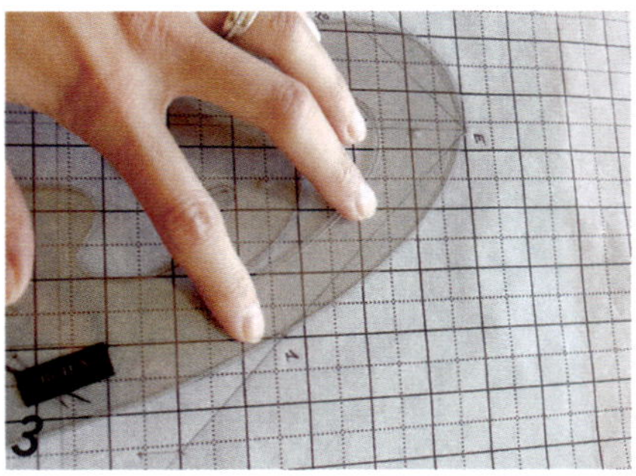
3

4

LA DÉCOUPE PRINCESSE

À partir du patron de base du buste, je vous ai montré comment déplacer la pince d'épaule en pince de poitrine. Je vous propose une deuxième transformation du buste de base, la découpe princesse.

Il s'agit d'obtenir un buste par un jeu de découpes, plutôt que par la couture de pinces. La découpe princesse confère une ligne appuyée et très féminine au vêtement.

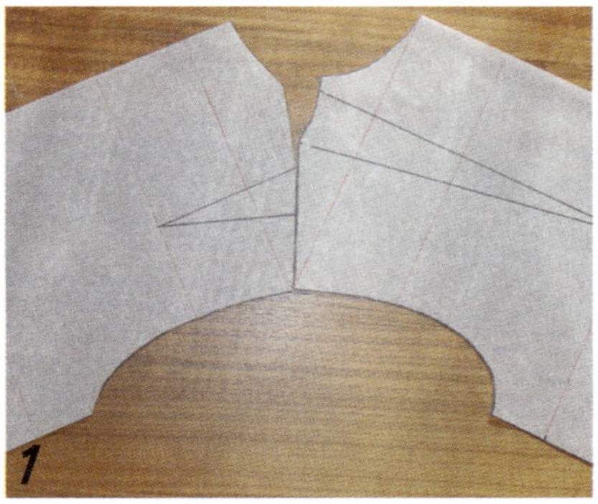

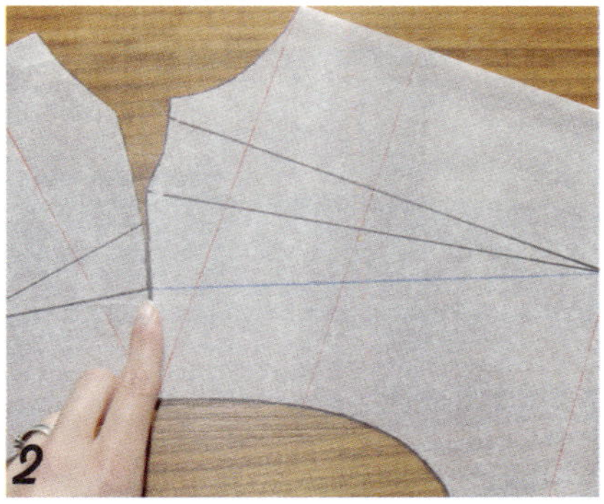

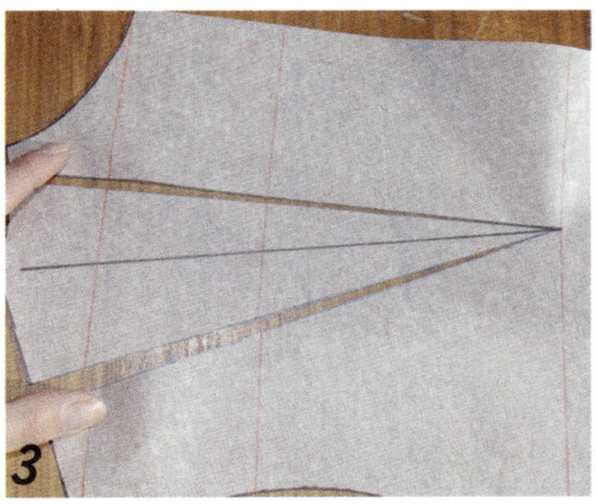

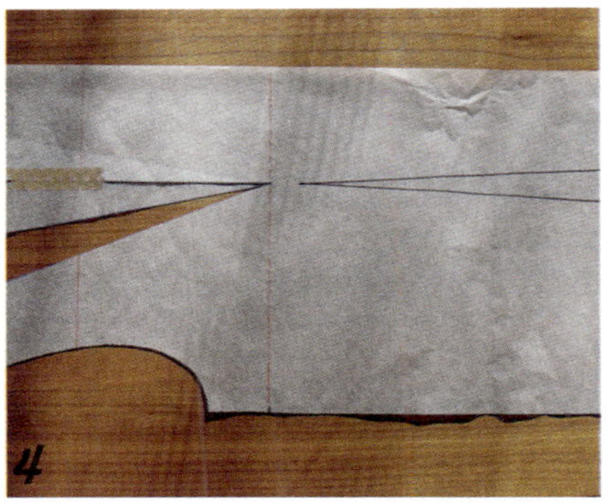

Sur le patron de base du dos, vous allez prolonger la pince d'épaule dos jusqu'à la ligne d'épaule, cela donnera une découpe plus douce et harmonieuse sur le dos.

Tout d'abord, positionnez, épaule contre épaule, les patrons des bustes devant et dos et faites correspondre les pinces. Ce qui est joli dans ce patronage, c'est que les coutures des découpes devant et dos se rencontrent au niveau de la couture d'épaule.

Voir photo 1

Tracez le nouveau repère de la pince devant en face de celui de la pince dos.

Voir photo 2

Coupez le long de ce nouveau repère de pince d'épaule du buste devant et faites pivoter selon le tracé de la pince initiale.

Voir photo 3

Scotchez, la nouvelle pince est en place.

Voir photo 4

Joignez ensuite par un trait la pince d'épaule et la pince de taille.

Voir photo 5

Découpez-les afin d'évider le patron de ses pinces.

Voir photo 6

Répétez l'opération pour le patron du buste dos.

Voir photo 7

Vous obtenez ainsi un milieu devant et un côté devant, un milieu dos et un côté dos.

Voir photo 8

Coupez toutes les pièces du patron deux fois dans la toile, sauf le milieu dos que vous positionnez au pli (le milieu devant est ouvert afin de pouvoir enfiler la toile), en ajoutant les marges de couture pour le milieu devant, les côtés de toutes les pièces et les épaules (2 cm).

5

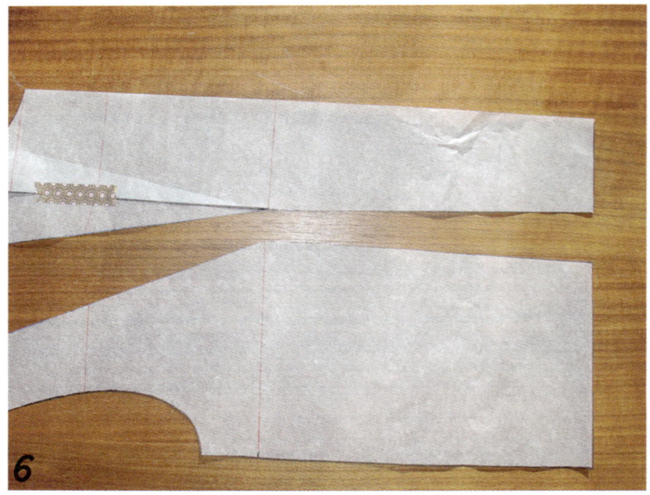
6

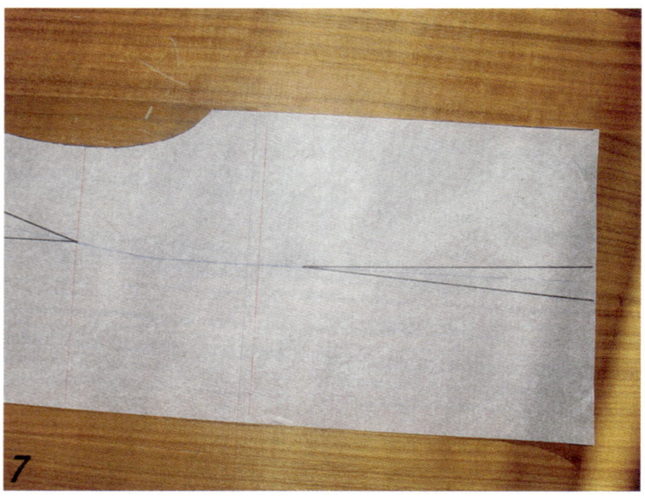
7

8

Le montage de la toile

Assemblez les pièces des milieux devant et côtés devant, endroit contre endroit. Assemblez les pièces des côtés dos et du milieu dos, endroit contre endroit.

Voir photos 1, 2 et 3

Mettez les devants et le dos, endroit contre endroit, épinglez par les épaules (c'est l'occasion de vérifier que les lignes de coutures des découpes devant et dos sont bien dans la continuité), puis assemblez.

Assemblez enfin les devants et le dos par les côtés.

La toile est achevée.

Voir photos 4, 5 et 6

Enfilez-la et venez appuyer, si besoin, les lignes de côté afin de cintrer un peu plus le modèle.

Annotez sur la toile les modifications (encolure, emmanchures), car celle-ci servira désormais de patron.

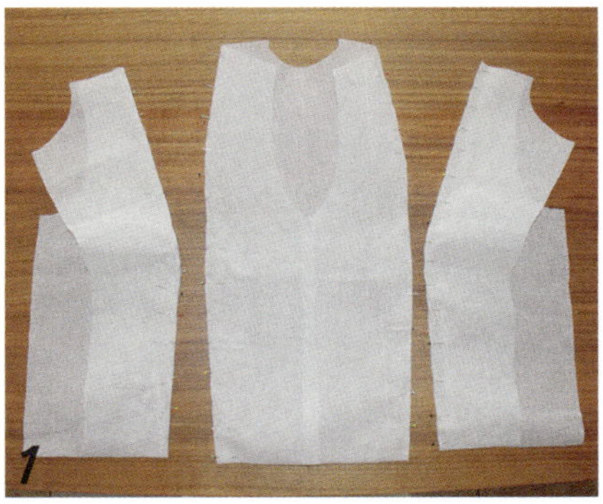

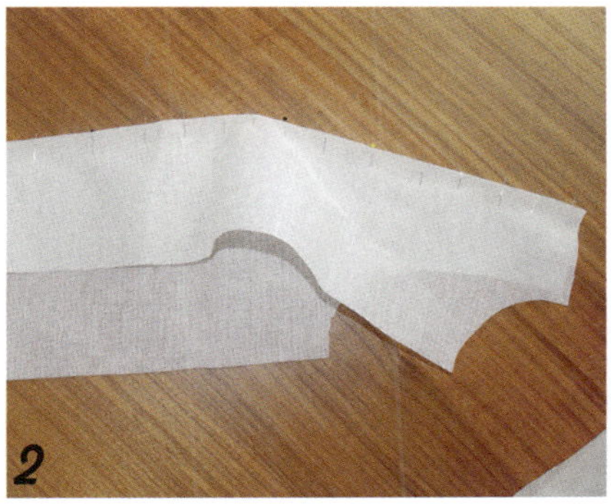

LE PATRON DE BASE DE LA JUPE

La réalisation de la jupe de base va conduire à la réalisation d'une jupe droite, base que vous pourrez décliner ensuite à l'envie. Son élaboration est donc primordiale tout en étant assez simple.

Vous allez tracer le demi-devant et le demi-dos, en vous appuyant sur les mesures suivantes :

- le tour de taille (TT) ;

- le tour des petites hanches (TPH) ;

- le tour de bassin (TB) ;

- la hauteur entre la taille et les petites hanches (HTPH) ;

- la hauteur entre la taille et le bassin (HTB).

Tracez d'abord le cadre dans lequel seront positionnés le demi-devant et le demi-dos.

Cadre ABDC, où AC = BD = (TB / 2) + 10.

AB = CD = longueur de la jupe de base. Personnellement, j'ai pris 50 cm, cela correspond à la distance mesurée sur le côté depuis ma ligne de taille jusqu'au-dessus de mon genou.

Vous allez à présent mettre en place :

- la ligne de taille : AC ;

- la ligne de petites hanches : EF (HTPH à partir de AC) ;

- la ligne de bassin : GH (HTB à partir de AC).

Le tracé du demi-devant

La ligne verticale AB figure le milieu devant (et le sens du droit-fil).

Sur la ligne AC, reportez à gauche du point A le point A', tel que la mesure AA'= (TT / 4) + 4.

Sur la ligne EF, reportez à gauche du point E le point E', tel que la mesure EE' = (TPH / 4) + 2.

Sur la ligne GH, reportez le point G', tel que la mesure GG' = (TB / 4) + 2.

Sur la ligne BD, reportez le point B' à la même distance de B que le point G du point G'.

Abaissez la ligne de taille de 1 cm sous le point A sur la ligne AB, et marquez le point A''. Retracez la ligne de taille A'A''.

Reliez les points A' E' G' B' en traçant une courbe peu marquée sur A'E'G' : c'est le côté du demi-devant.

Le tracé du demi-dos

La ligne CD verticale figure le milieu dos (et le sens du droit-fil).

Sur la ligne CA, reportez à droite du point C le point C', tel que CC' = (TT / 4) + 3.

Sur la ligne FE, reportez à droite du point F le point F', tel que FF' = (TPH / 4) + 1.

Sur la ligne HG, reportez à droite du point H le point H', tel que HH' = (TB / 4) + 1.

Sur la ligne DB, reportez le point D' à la même distance du point D que le point H du point H'.

Reliez C' F' H' D' en traçant une courbe peu marquée sur C'F'H' : c'est le côté du demi-dos.

Les pinces

Elles vont permettre d'absorber l'excès de tissu au niveau de la taille et d'ajuster la jupe.

Calcul de la valeur de la pince : (TB / 2) - (TT / 2), le résultat sera divisé par 4 car la jupe va comporter deux pinces devant et deux pinces dos, le résultat sera donc la valeur de chacune des quatre pinces de la jupe.

Le tracé de la pince du demi-devant

Reportez la valeur : écartement des seins (B) / 2 à partir du point A sur AA', c'est le milieu de la pince. Tracez la perpendiculaire à BD partant du milieu de la pince et d'une longueur de 7 cm. Marquez ensuite la valeur de la pince sur la ligne de taille, répartie de part et d'autre du milieu de la pince.

Le tracé de la pince demi-dos

Prenez le milieu CC', c'est le milieu de la pince. Tracez la perpendiculaire à BD partant du milieu de la pince et d'une longueur de 12 cm, puis répartissez la valeur de la pince de part et d'autre du milieu de la pince, sur la ligne de taille.

Le montage de la toile

Les patrons de base de la jupe sont terminés. Positionnez les pièces sur la toile : le demi-devant au pli et le demi-dos à couper deux fois.

Ajoutez les marges de couture des côtés du devant, des milieux dos et des côtés dos (1 cm). Piquez les pinces, puis assemblez le devant et le dos, endroit contre endroit, en ménageant une ouverture sur le haut du milieu dos, d'environ 20 cm, qui préfigurera l'emplacement d'un zip.

Si vous devez réajuster la jupe de base, jouez sur les pinces en augmentant la profondeur des pinces ou en les relâchant un peu. Évitez, sauf souci de tracé, de retoucher les côtés et, surtout, ne modifiez jamais le sens du droit-fil. Ainsi, tracez de manière visible sur la toile les lignes des milieu devant et milieu dos, qui sont les repères de droit-fil. Reportez ensuite les modifications sur le patron.

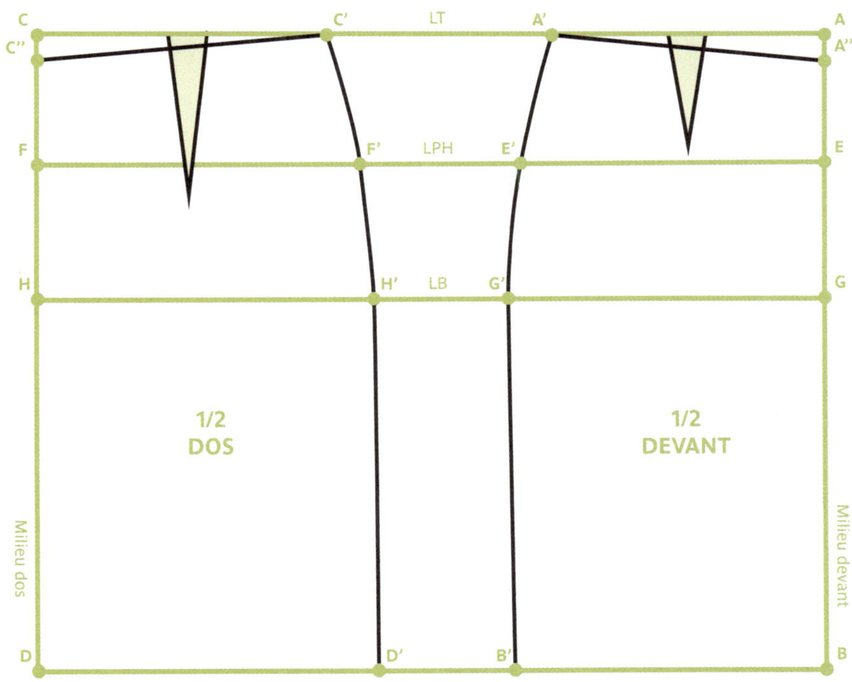

TRANSFORMER LES PATRONS DE BASE

Afin de pimenter un peu tout cela et de vous donner des bases de modifications qui vous permettront de laisser libre cours à vos envies, nous allons transformer les patrons de base. Vous allez comprendre tout l'intérêt des patrons sans marges de couture comprises (oui, oui, je vous assure !). En effet, toutes les transformations, les modifications, donneront le tracé du vêtement fini, et les relevés de mesures, l'application d'élargissements ou des valeurs d'aisance seraient complètement faussés ou parasités par la présence de marges de couture sur les tracés. Pensez toujours à bien marquer tous les repères comme le droit-fil, le milieu des pièces, les crans qui délimitent les plis ou les pinces.

SUR LE BUSTE

Le patron de base du buste va servir à réaliser tous les hauts que vous désirez, en y appliquant des modifications, à commencer par des élargissements. Les valeurs d'élargissement vont donner l'aisance nécessaire aux différentes pièces.

Reportez sur du papier de soie les deux patrons de base du buste en laissant de la place autour des pièces. Vous allez à présent pouvoir appliquer les modifications sur le patron de base.

Créer un empiècement

Réaliser un empiècement permet de personnaliser un modèle. Cela le structure en y ajoutant une découpe que vous pourrez rehausser avec un passepoil, une surpiqûre, un volant, etc. Vous pouvez aussi utiliser plusieurs tissus pour votre ouvrage. Choisissez la ligne de découpe en fonction de vos envies, mais respectez toujours les lignes de construction du patron et évitez les zones qui « travaillent », comme la ligne de poitrine.

Je vous propose, en exemple, de réaliser la découpe d'un empiècement de dos selon la ligne de carrure. C'est très simple : coupez le patron du dos selon cette ligne, ajoutez les marges de couture de part et d'autre de la ligne de découpe (1 cm est suffisant), assemblez les pièces, endroit contre endroit, selon cette ligne.

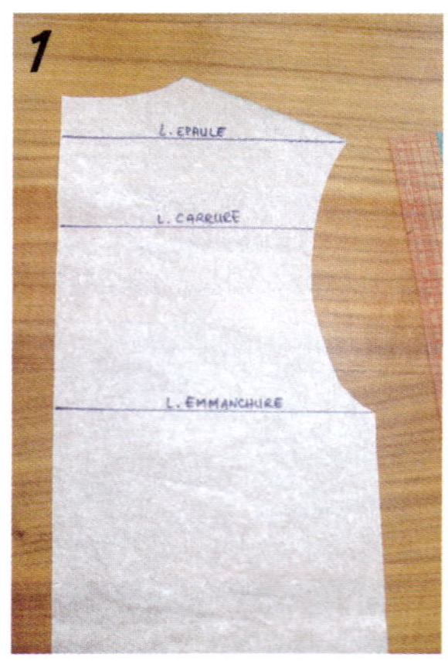

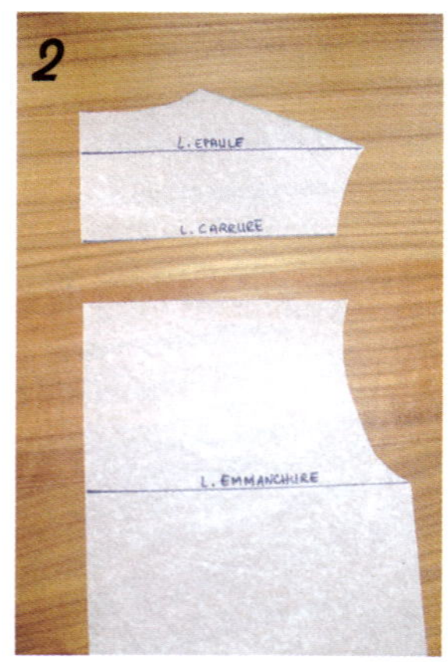

Voir photos 1 et 2

Puis rabattez la partie haute, plaquez au fer la marge de couture vers le haut ou la bas, selon le tissu (si vous avez une portion en dentelle ou un tissu fin évitez de rendre les marges de couture visibles, ce sera moins joli). Le dos comporte désormais un bel empiècement. Continuez le montage du patron avec ce « nouveau » dos !

Ajouter un col

Le col plat

Ce col plat est très féminin et un peu rétro.

Sur la pièce du buste dos, retracez la ligne d'épaule en partant de l'encolure vers l'emmanchure et en retirant 3 cm (voir le tracé).

Voir photos 1 et 2

Positionnez la ligne d'épaule de la pièce du buste devant sur ce nouveau repère.

Voir photo 3

Placez le papier de soie sur le patron et décalquez l'encolure de la ligne milieu devant à la ligne milieu dos.

Voir photo 4

Tracez une marge à 5 cm de l'encolure pour définir le col, reportez la ligne de couture d'épaule, afin de vous donnez un repère supplémentaire pour le montage, et tracez le dessin du col.

Voir photo 5

Sa ligne peut suivre toutes vos envies, comme par exemple le tracé de festons, ou au contraire une jolie courbe classique de col Claudine. L'important est de respecter les lignes remarquables.

Descendez sur la ligne du milieu devant de 2 cm avant de tracer la courbe. Marquez bien les repères des parties devant et dos du col.

Voir photo 6

Pour couper la toile, ajoutez les marges de couture (1 cm) tout autour du col et à l'arrière du col. Ce col étant en une partie, **il faudra couper la pièce deux fois au pli**, ainsi vous aurez les dessus et dessous de col. Entoilez la pièce du dessus de col.

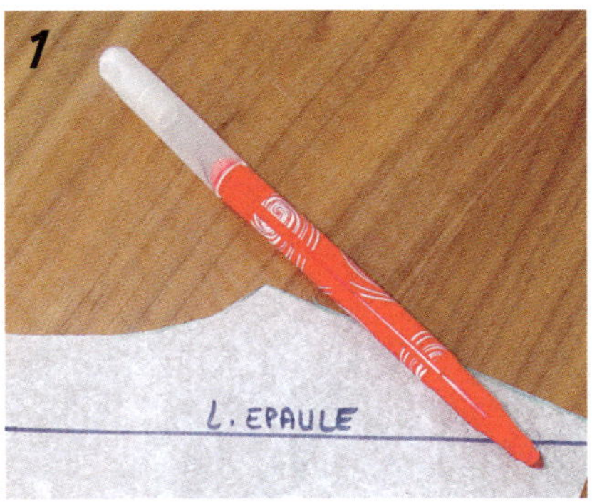

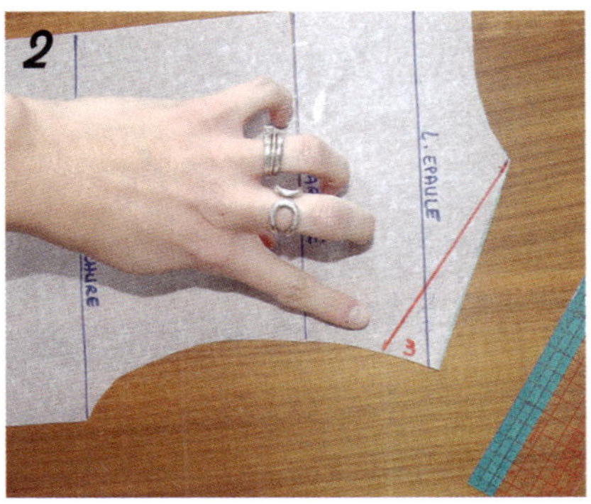

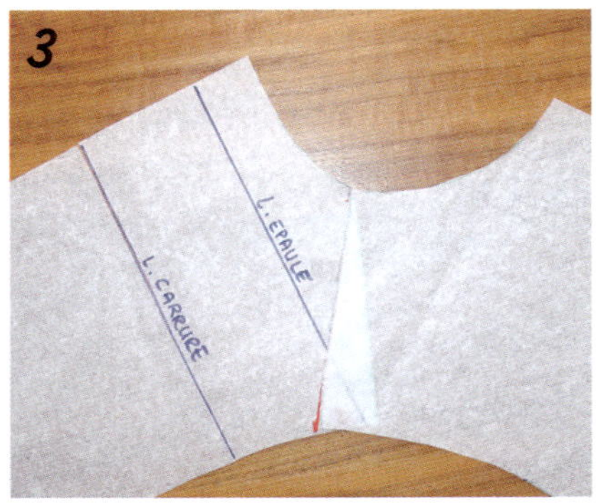

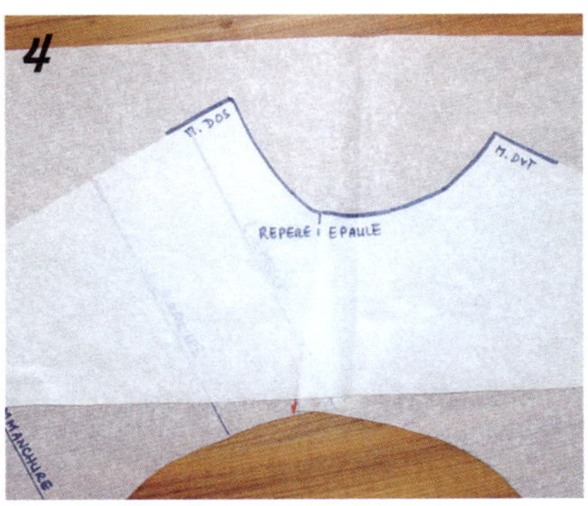

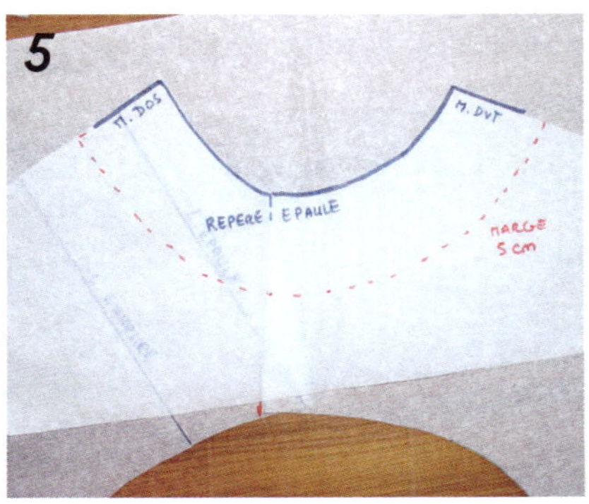

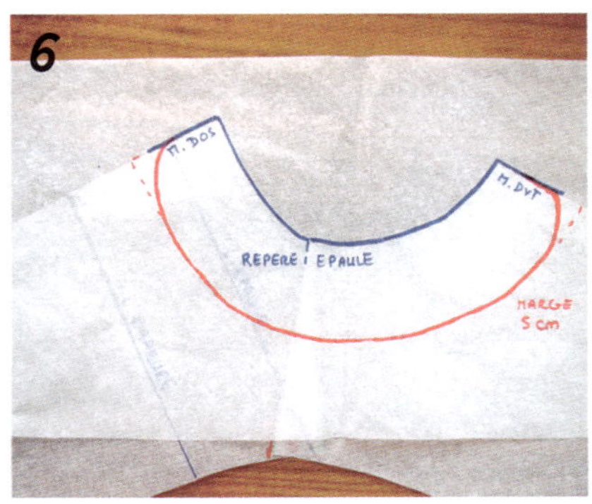

Le col avec pied de col en deux parties

Nous avons développé précédemment le patron du col plat, selon l'exemple d'un col Claudine.

Attaquons-nous maintenant à un peu plus élaboré, avec la réalisation du patron de col, type col de chemise, en deux parties : le pied de col et le tombant de col.

Le tracé du patron

Le patron que je vous décris ici est fait pour venir garnir une encolure de top dont l'ouverture est située dans le dos. Ce col est donc avec l'ouverture dans le dos.

À partir de la toile, commencez par mesurer l'encolure, à partir du milieu devant jusqu'au milieu dos (enlevez les éventuelles marges de couture). Utilisez pour cela le mètre de couturière afin de pouvoir mesurer de façon précise cette zone tout en courbe.

Voir photo 1

Il faut mesurer la partie d'encolure qui va du milieu dos à la couture d'épaule, et la partie qui part de la couture d'épaule jusqu'au milieu devant.

Tracez un rectangle dont la base sera de la longueur de l'encolure, marquez les points suivants : à l'extrémité gauche le MDS (milieu dos) à l'extrémité droite le MDVT (milieu devant), et à partir des valeurs relevées localisez le point E (couture épaule). Divisez la portion E-MDVT par 3 et reportez cette mesure (1/3) à partir du MDVT.

Voir photo 2

Remontez le point du MDS de 1 cm et marquez un point. Reliez-le au repère 1/3. En prenant comme hauteur de pied de col 2 cm, par exemple, tracez une parallèle à la ligne précédente 2 cm plus haut.

Et, pour un tombant de col de 4 cm de hauteur, par exemple, tracez la ligne du haut du tombant de col parallèlement, 4 cm plus haut, comme sur l'illustration suivante (dessinez la pointe du tombant de col selon votre envie, tout est possible !).

À 0,5 cm au-dessus du pied de col, retracez une ligne parallèle qui vient rejoindre en mourant la ligne de pied de col un peu avant la ligne passant par 1/3, afin de distinguer le tombant de col et le pied de col.

Voir schéma 3

Séparez les deux parties de patron en reportant bien la ligne passant par E et celle passant par 1/3.

Voir photo 4

Sur le patron du pied de col, pincez très légèrement selon les lignes rouges et, sur le patron du tombant de col, ouvrez un peu selon ces lignes.

Voir schéma 5 et photo 6

1

2

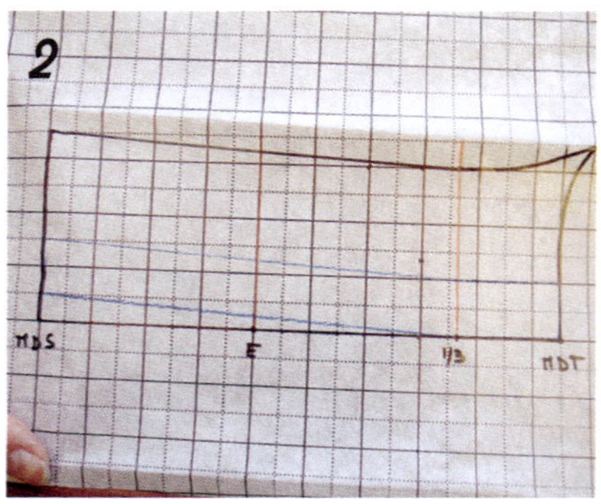

3

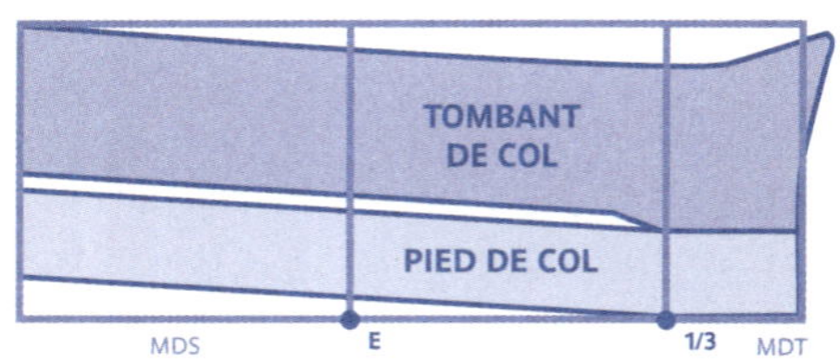

4

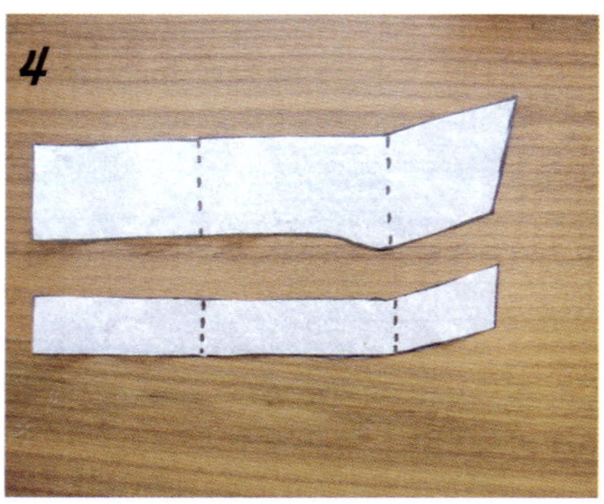

5

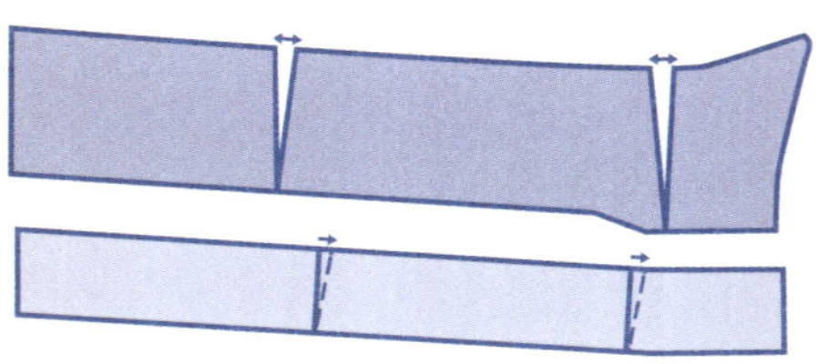

6

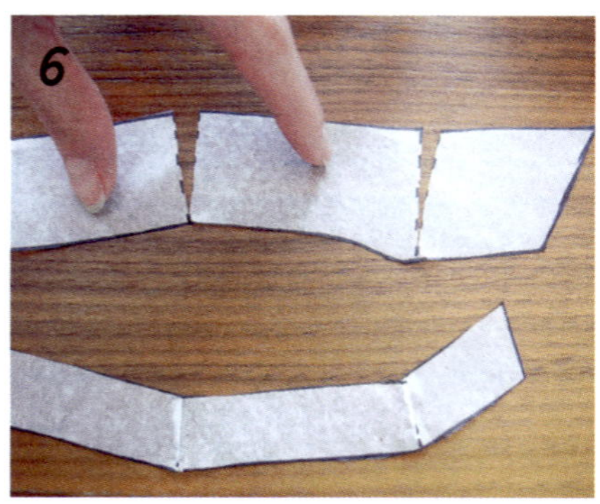

La découpe de la toile

Positionnez le patron sur la toile : mettez le pied de col au pli, ajoutez les marges de couture de 1 cm. N'ajoutez pas de marge de couture à l'arrière des tombants de col, afin que ceux-ci soient un peu plus courts que le pied de col, ce qui permettra d'assembler ensuite le col monté à l'encolure.

Chaque pièce est à couper en double, soit deux fois deux demi-tombants de col et deux pieds de col (au pli).

Voir photo 1

Superposez chaque tombant de col (dessus et dessous de tombant de col), endroit contre endroit, et assemblez-les sans coudre le bas des pièces, afin de pouvoir les retourner sur l'endroit.

Voir photo 2

Positionnez les pièces du tombant de col, endroit contre endroit, en sandwich entre les deux pièces du pied de col et piquez le haut du pied de col uniquement.

Voir photo 3

Retournez et plaquez bien au fer : le col est prêt, bravo !

Voir photos 4 et 5

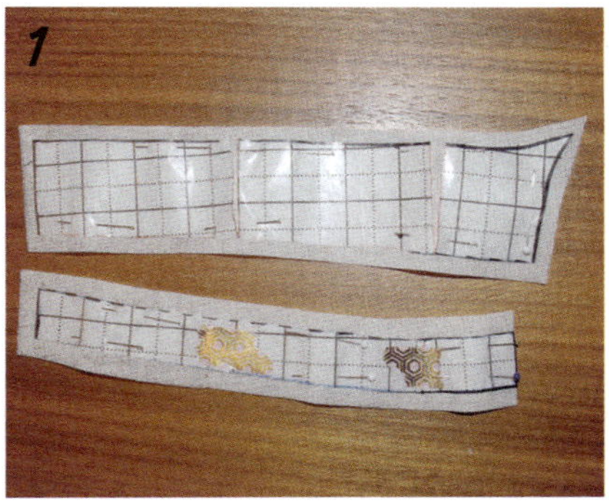
1

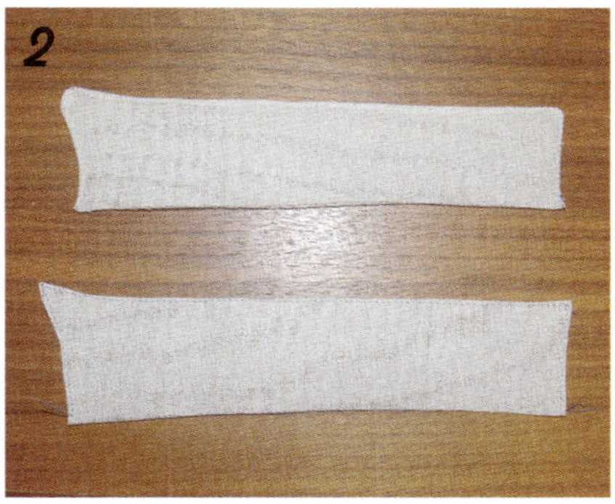
2

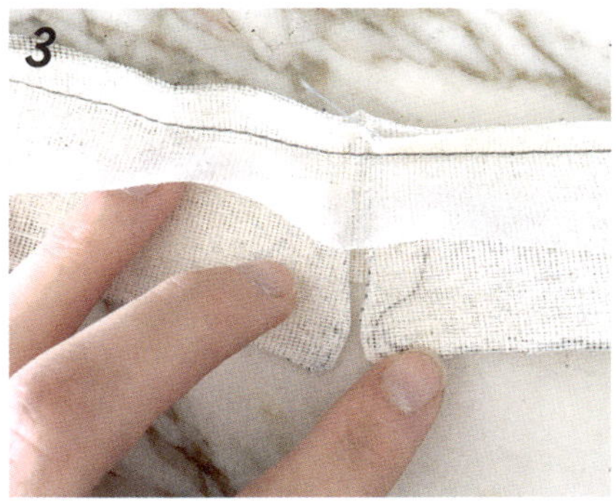
3

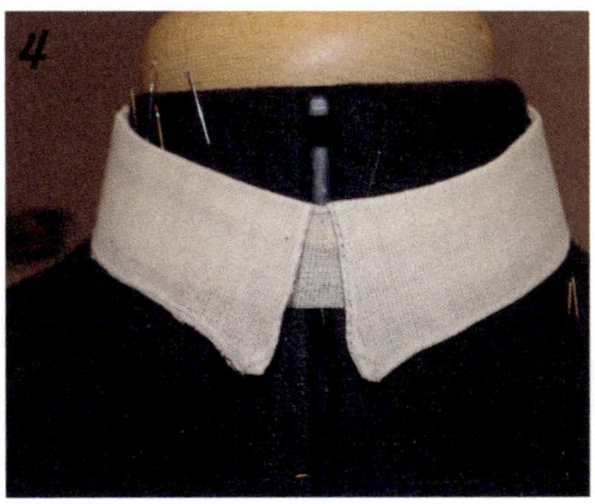
4

5

Créer une parementure

Une parementure est une pièce que l'on vient assembler avec le bord du vêtement et que l'on rabat ensuite. La couture d'assemblage étant emprisonnée entre le vêtement et la parementure, cela assure une finition propre et c'est aussi une solution harmonieuse pour finir les « ouvertures » des vêtements (encolure, emmanchure, bas du vêtement).

Le tracé du contour de la parementure est absolument identique au tracé de la partie du vêtement à border. Elle est parfaitement adaptée, car elle est assemblée bord à bord avant d'être rabattue. On décalque donc, à l'aide du papier de soie, la zone dont on souhaite finir le bord de cette façon. La largeur de la parementure est très variable selon qu'elle double un décolleté, une emmanchure, une patte de boutonnage ou le bas d'un vêtement. Souvent, c'est une pièce que l'on entoile avant l'assemblage afin de conférer plus de tenue au bord ainsi fini.

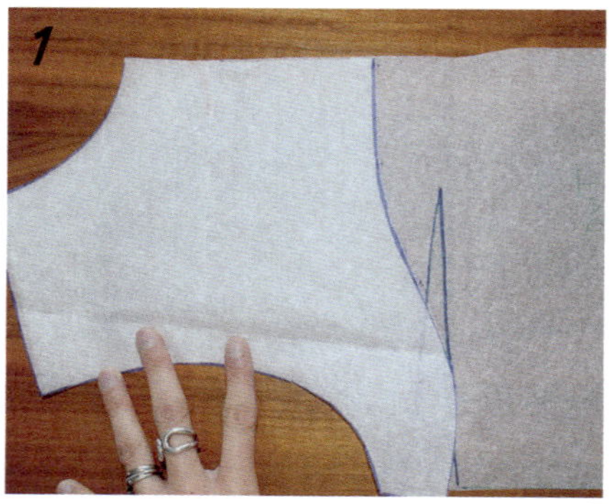

Parementure de haut

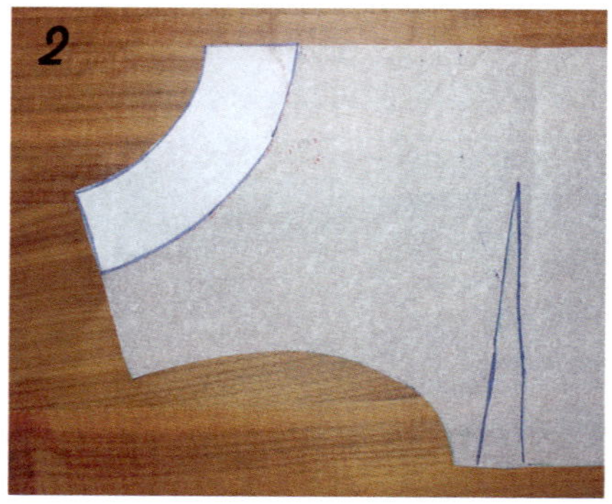

Parementure d'encolure

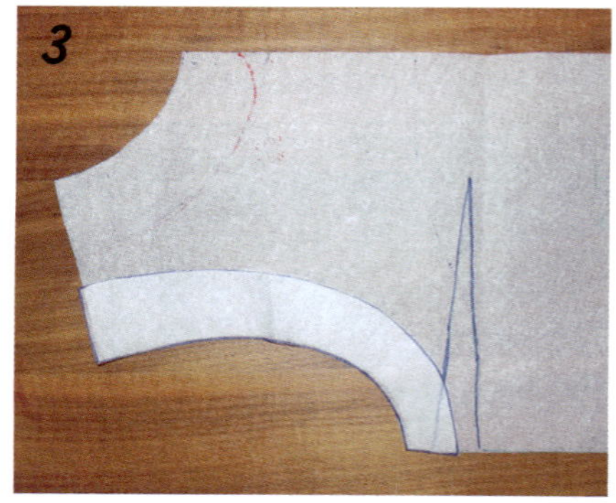

Parementure d'emmanchure

Créer une patte de boutonnage

Une patte de boutonnage peut aussi bien venir agrémenter un chemisier que servir à fermer une robe ou une jupe. Sa conception est toujours sur le même principe.

Le milieu devant ou dos, selon la face sur laquelle vous souhaitez réaliser la patte de boutonnage, est la ligne où sont cousus les boutons et brodées les boutonnières. Depuis la ligne du milieu, tracez une ligne parallèle distante, par exemple, de 2 cm, qui est **la ligne de pliure**. Elle détermine **la zone de croisure**, c'est-à-dire la zone, au-delà du milieu, qui vient chevaucher, quand on boutonne avec l'autre demi-devant, par exemple, du vêtement. Cette valeur de croisure est variable selon le type de vêtement et le diamètre des boutons que vous utilisez.

Vous avez ainsi déterminé la partie en extension à partir du milieu. Mais une patte de boutonnage nécessite d'être doublée par **une parementure**. C'est la partie qui est retournée et placée contre le corps, visible uniquement sur l'envers du vêtement, et qui double la patte de boutonnage. Elle en assure aussi bien la tenue qu'un fini propre. Cette parementure sera d'environ 4 cm de large (2 cm de part et d'autre de la ligne de milieu, afin d'englober toute la zone de boutonnage). Son tracé se fait en superposant un papier de soie au tracé obtenu ci-dessus afin de reproduire le tracé de la zone de boutonnage.

Ajoutez ensuite les marges de couture, sachant que la couture se fait, endroit contre endroit, tout le long de ce que l'on appelle **la ligne de pliure** (c'est-à-dire la ligne où la parementure une fois assemblée est repliée). L'envers de la parementure se retrouve donc (après avoir été retourné) contre l'envers de la patte de boutonnage.

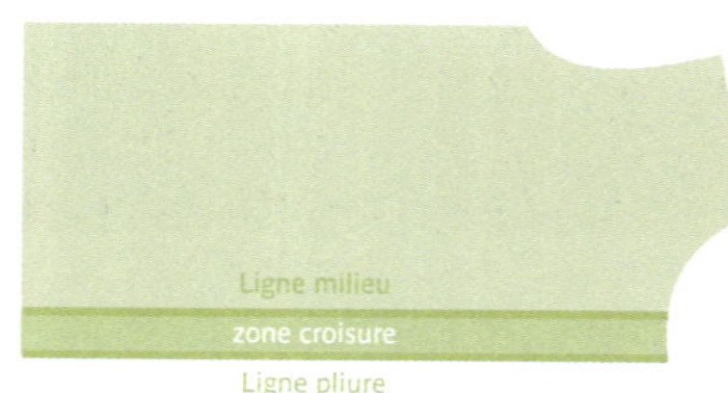

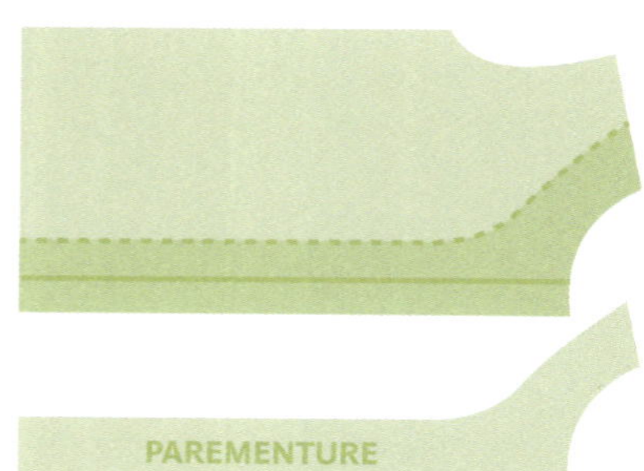

Ajouter des volants

Ajouter un volant apporte une touche de sophistication (ou un brin de folie !) au vêtement. L'ajout d'un volant peut se faire sur le bas des manches, le bas de la blouse, une encolure, une jupe... vous n'avez que l'embarras du choix. Le patron d'un volant peut être réalisé de deux façons différentes selon l'effet souhaité. Soit le volant est réalisé à partir d'une bande que l'on fronce, dans ce cas le volant est très gonflé, soit le volant est coupé en cercle, ce qui donne un effet plombant, avec peu de volume.

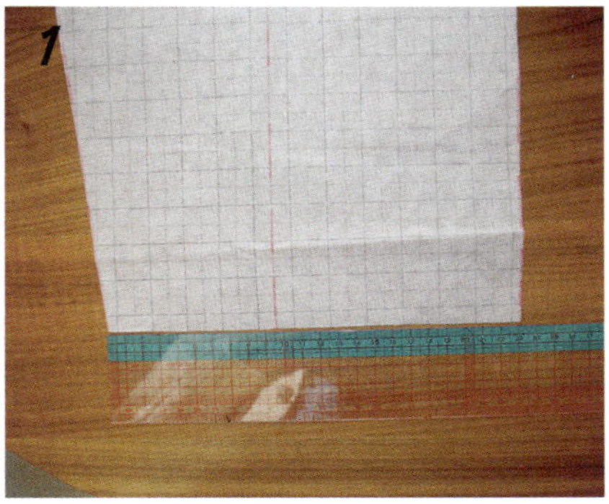

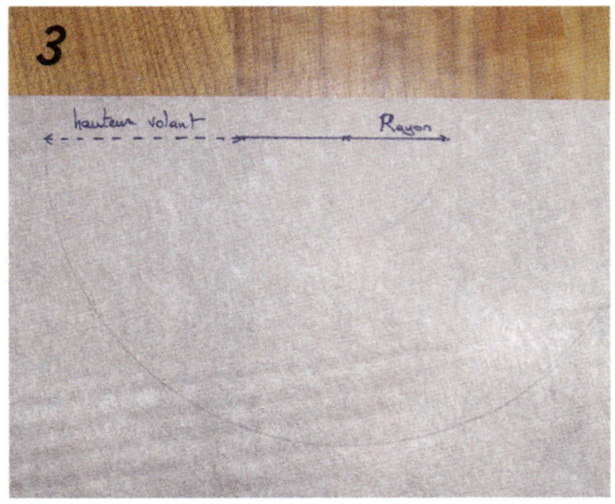

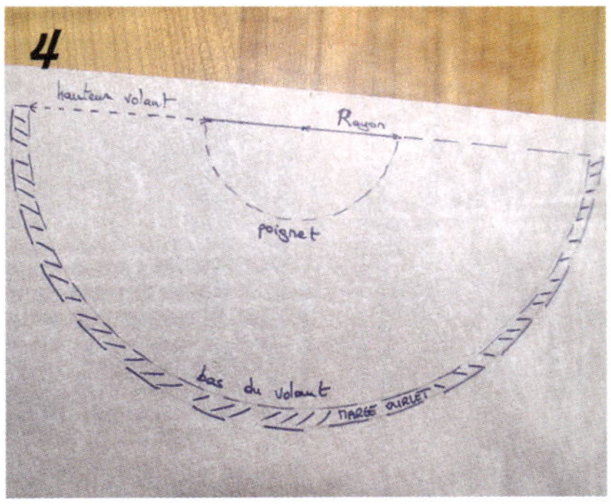

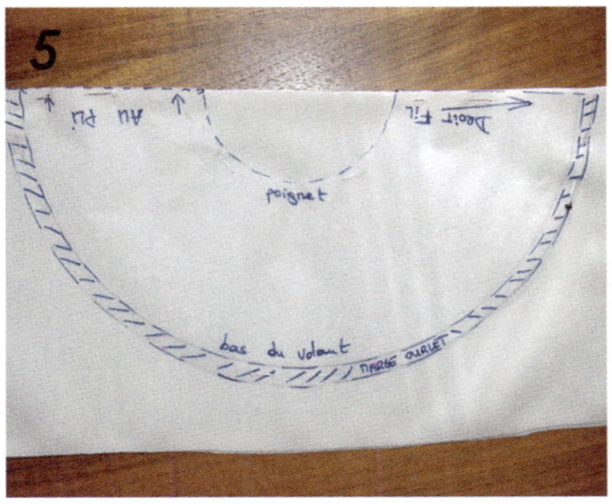

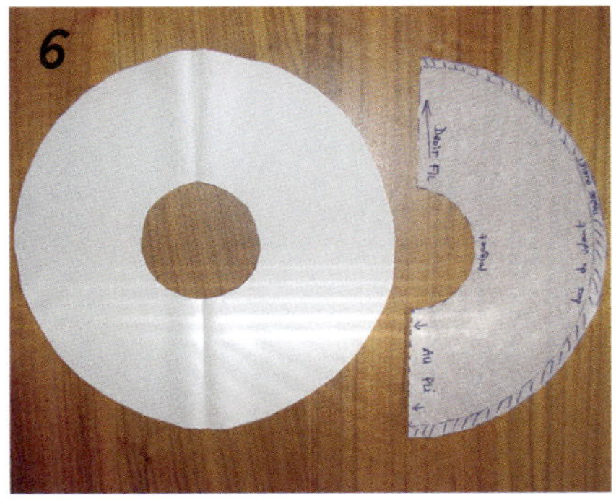

Le volant froncé

Coupez une bande de tissu dont la longueur fait au moins deux fois la longueur de la zone où vous souhaitez assembler le volant. Sa hauteur est la hauteur choisie pour le volant. Plus la bande froncée est longue et plus le volant a de volume et est gonflé. Coupez la bande en positionnant son milieu au pli du tissu.

Le volant en cercle

Le tracé du patron est celui d'un demi-volant. Mesurez la longueur de la zone où le volant sera assemblé (ici un bas de manche).

Voir photo 1

Divisez cette valeur par 3,14 (pi), vous obtenez le diamètre du cercle. Divisez ce diamètre par 2 et vous obtenez le rayon de ce cercle qui constitue le haut du volant. Tracez un demi-cercle de ce rayon.

Voir photo 2

La hauteur du volant sera en fonction de votre goût. Retracez donc un deuxième demi-cercle éloigné du premier de cette hauteur.

Voir photo 3

Sur le tissu au pli, positionnez le patron du demi-volant, ajoutez les marges de couture de 1 cm pour l'assemblage et pour l'ourlet du bas.

Voir photos 4, 5 et 6

ET SUR LA JUPE ?

La jupe trapèze ou évasée

La jupe trapèze est une transformation très accessible à partir du patron de base.

Le patron de la jupe

Coupez le long de la ligne passant par le milieu de la pince, à partir du bas de la jupe et en vous arrêtant quelques millimètres sous la pointe de la pince de taille.

Marquez toujours sur la toile les lignes des milieu devant et milieu dos, afin de ne pas modifier leur aplomb si vous deviez ajuster la toile.

Voir photo 1

Coupez suivant la ligne côté milieu devant (ou milieu dos) de la pince en conservant quelques millimètres pour pouvoir faire pivoter les morceaux du patron sans les déchirer.

Voir photo 2

Fermez la pince de taille (en l'épinglant ou en la scotchant) de façon à obtenir l'évasement désiré en bas (à titre indicatif, il est ici de 10,5 cm).

Voir photos 3, 4 et 5

Reportez ensuite la moitié de la valeur d'évasement choisie sur le côté de la demi-jupe en remontant le tracé pour prolonger harmonieusement la courbe de la ligne de côté.

Voir photo 6

Les modifications sont identiques sur le demi-devant et le demi-dos. Pour avoir un modèle harmonieux, veillez donc à apporter la même valeur d'évasement en bas pour les demi-dos et demi-devants.

Positionnez le patron sur la toile, en mettant le demi-devant au pli. Ajoutez les marges de couture (2 cm pour les côtés, le milieu dos et la taille). Coupez le demi-dos deux fois.

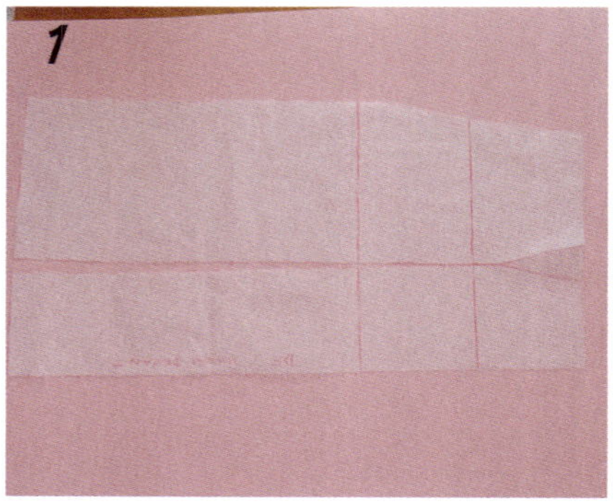

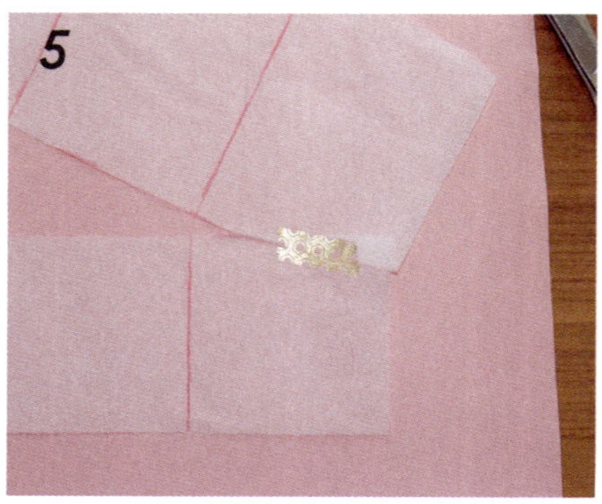

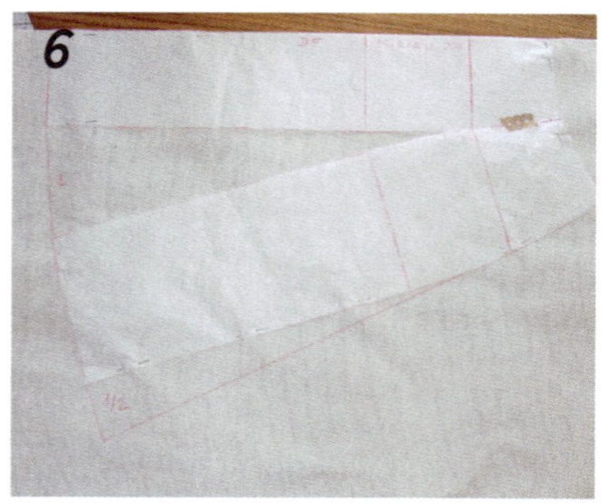

Le montage de la toile

Assemblez les pièces, endroit contre endroit, sans coudre sur le milieu dos sur 20 cm pour la pose d'un zip. S'il faut reprendre un peu la jupe, c'est par les côtés que vous lâcherez ou au contraire ajusterez. Bâtissez les modifications avec un fil très contrasté ou marquez-les avec un feutre, afin de pouvoir les reporter.

Voir photos 7, 8, 9 et 10

7

8

9

10

La jupe à plis

La jupe à plis est une déclinaison un peu plus technique de la jupe droite de base. Il s'agit de proposer une succession de plis réguliers sur la jupe, leur nombre et leur profondeur dépendant de l'effet que vous souhaiteriez obtenir. Je vais vous montrer la réalisation d'une jupe à huit plis plats.

Le patron du demi-devant

Prenez la mesure de la taille sur le patron de base de la jupe devant à l'aide d'un mètre ou d'une règle souple. Divisez cette valeur, que l'on nommera X, par 2,5. Marquez des repères sur la ligne de taille à partir du côté du patron, en reportant la valeur de X, puis encore X, et il restera 1/2 X. (Ce patron étant un demi-patron, on a sur le tracé le demi-pli devant, le pli sera entier lors du déploiement du tissu).

Voir photo 1

Tracez une perpendiculaire au bas de jupe passant par les deux repères de la ligne de taille. Et enfin relevez la valeur de la pince devant sur le patron de base de la jupe, divisez-la par 2 et répartissez-la de part et d'autre de ces lignes verticales. Le patron présente donc deux pinces dont la longueur est la même que celle de la pince initiale.

Voir photos 2 et 3

Coupez tout le long des nouveaux milieux de pince.

La valeur du pli : le pli plat va se définir par sa profondeur. Si vous souhaitez une profondeur de pli de 3 cm, il faut multiplier cette valeur par 4. En se basant sur cette valeur de 3 cm, vous allez donc écarter les trois bandes du patron de 12 cm le long de la ligne de taille, en mesurant à partir des repères de pince. Le patron de jupe à plis prend forme, son évasement dépendra de la répartition plus ou moins « en éventail » des pièces de patron.

Voir photo 4

Retracez les contours de la ligne de taille et du bas de votre jupe, ajoutez les marges de couture sur le côté et à la taille (2 cm). Reportez bien tous les repères : le milieu devant, les extrémités de pince, qui seront les crans à rabattre sur le milieu des plis, et le milieu des plis.

Voir photo 5

Procédez de la même façon pour le patron du demi-dos.

1

2

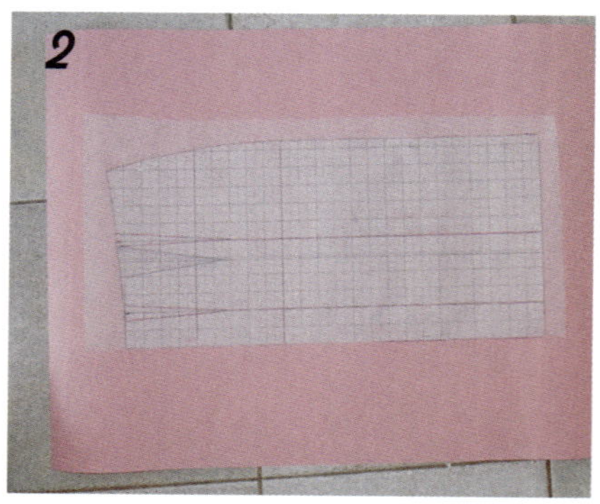

3

4

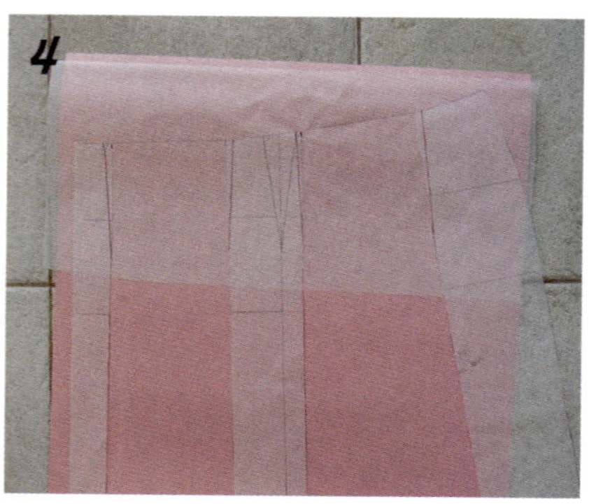

5

Le montage de la toile

Positionnez le patron du demi-devant au pli, et coupez deux fois le demi-dos dans la toile.

Ajoutez 1,5 cm de marge de couture sur le poutour des pièces.

Voir photo 1

Vous allez commencer par former les plis. Rabattez les crans de montage : extrémité de pince vers le milieu du pli, de part et d'autre de chaque milieu de pli.

Voir photos 2, 3, 4 et 5

Fixez les plis par une piqûre à l'intérieur de la marge de couture.

Voir photo 6

Assemblez les demi-dos par le milieu dos, endroit contre endroit, en laissant une ouverture de 20 cm pour le zip. Positionnez les pièces dos sur le devant et assemblez, endroit contre endroit.

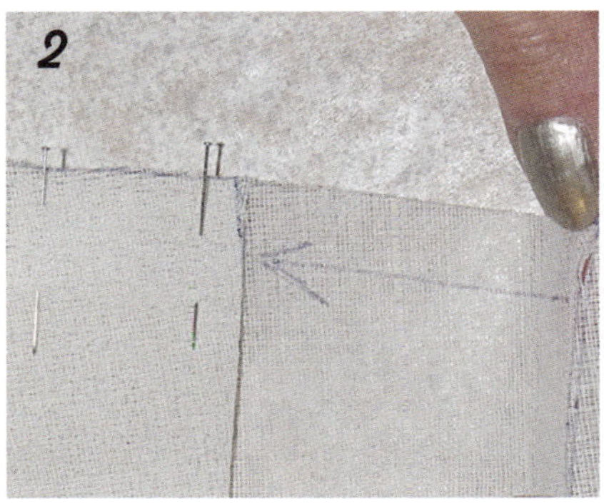

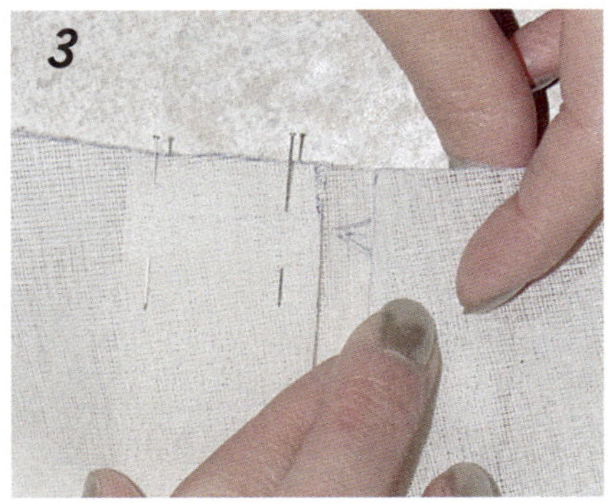

La jupe tulipée

Cette modification de patron, en y appliquant des plis, lui donne beaucoup de volume, sans avoir à rectifier l'ampleur du bas de la jupe. Les transformations sont identiques sur les pièces demi-dos et demi-devant du patron de base.

Le patron de la jupe

Coupez le patron le long du milieu de la pince jusqu'en bas de la jupe.

Voir photo 1

En gardant toujours la verticalité du droit-fil, donc de la ligne milieu devant/milieu dos, remettez bord à bord le bas des pièces, et ouvrez de la valeur de pli désirée (ici, j'ai choisi 14 cm afin d'avoir un volume bien marqué).

Voir photo 2

Mesurez à partir des extrémités des tracés des pinces sur la ligne de taille, le pli englobera donc la valeur des pinces, ainsi la dimension du tour de taille sera la bonne une fois les plis réalisés.

Voir photo 3

Reportez bien les repères sur le nouveau tracé, notamment le milieu du pli et les extrémités des pinces.

Voir photos 4 et 5

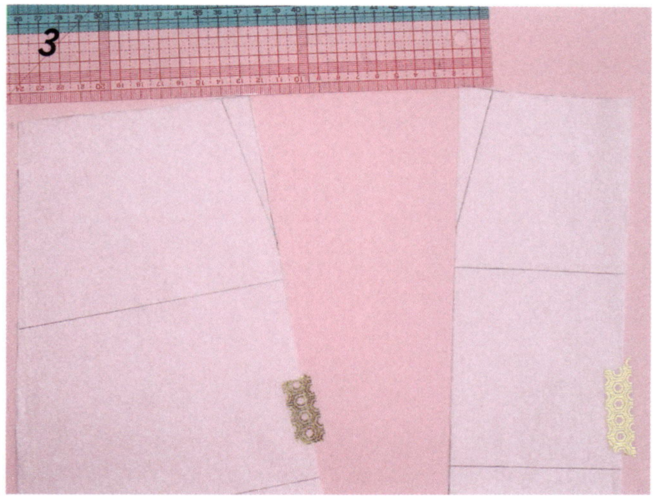

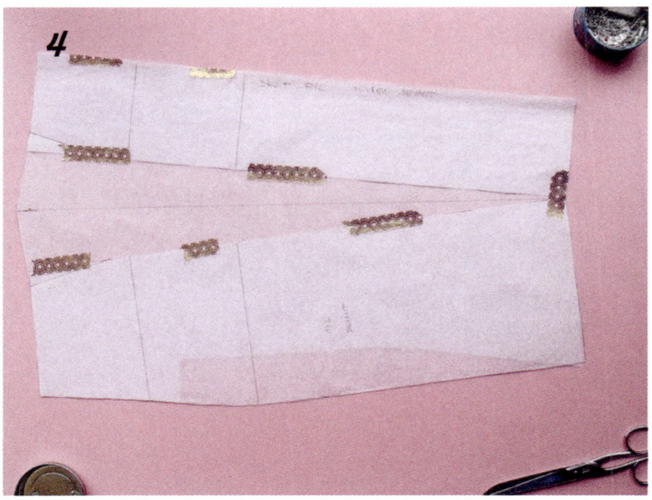

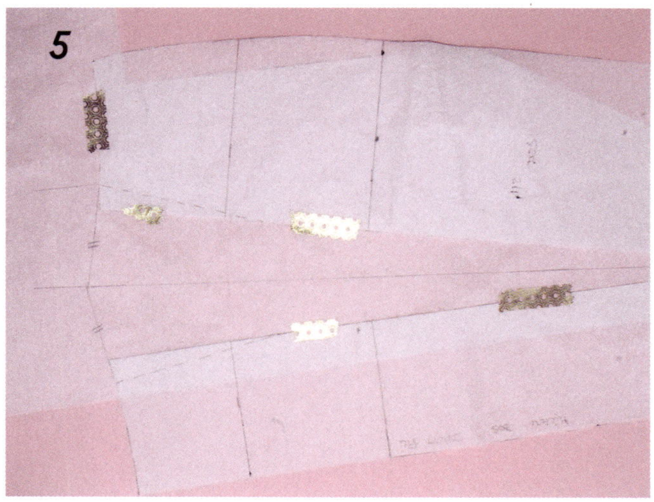

Le montage de la toile

Ajoutez vos marges de couture côté (2cm). Positionnez les demi-devants au pli et les demi-dos deux fois. Coupez la toile en reportant bien tous les repères.

Voir photo 1

Rabattez chaque cran d'extrémité de pince vers le repère du milieu du pli, et piquez dans la marge de couture pour bien conserver les plis.

Voir photos 2, 3, 4, 5, 6 et 7

Assemblez le devant et le dos, endroit contre endroit, par les côtés (laissez 20 cm d'ouverture sur l'un des côtés afin de figurer l'emplacement du zip).

Voir photos 8, 9 et 10

Comme la forme de cette jupe est très marquée, il faudra peut-être, selon le tissu ou votre envie, la raccourcir à partir du patron de base, afin de ne pas trop casser la ligne des plis et d'avoir un tombé plus gracieux sur le côté.

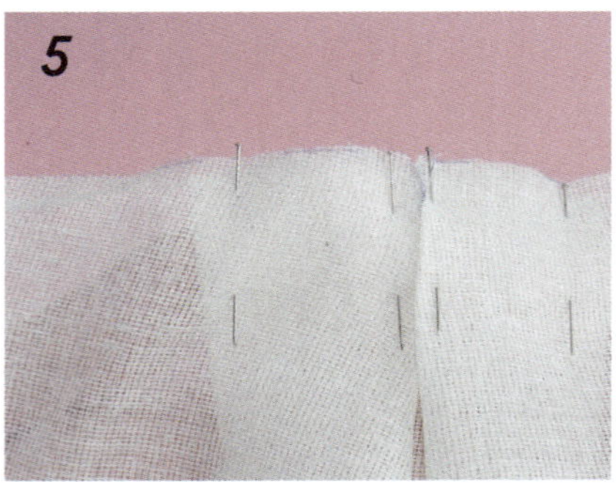

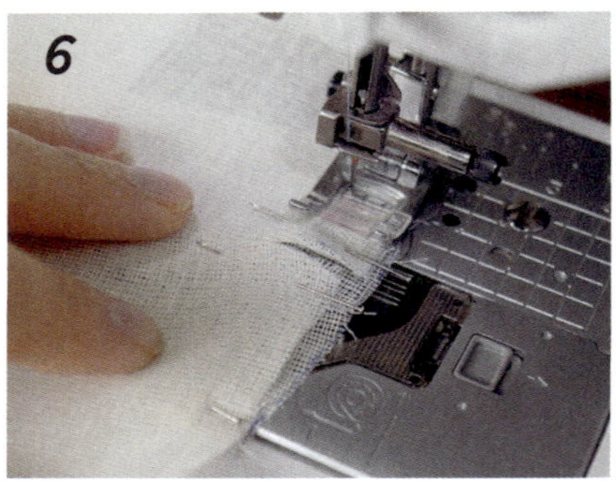

Ajoutons des poches !

La présence de poches sur une jupe présente un intérêt pour la ligne du vêtement fini. La manière de porter le vêtement en est modifiée, le fait d'introduire les mains dans la jupe apporte un joli mouvement, voire accentue le gonflant et les volumes.

Je vais vous présenter une réalisation de poche très simple, autant pour le patron que pour la méthode d'assemblage, avec toujours un souci de finition soignée : la poche prise dans la couture.

Le tracé de la poche

Vous allez partir du demi-devant du patron de la jupe fini.

Le dessin de la poche est guidé par le fait de pouvoir y introduire confortablement la main. La poche est constituée d'un sac de poche avec un fond de poche et une entrée de poche. La taille de l'entrée de poche est celle de la largeur de la main + 5 cm, la hauteur du sac de poche correspond à la hauteur de la main (du majeur au poignet) + 5 cm.

Le haut du sac de poche suit la ligne de taille sur 10 cm, et le bas du sac de poche fait 15 cm de large.

Tracez la poche en arrondi jusqu'au bas du sac de poche, puis remontez jusqu'au côté de la poche. Le tracé de l'ouverture de poche suit le tracé du côté de la jupe sur lequel vous souhaitez adjoindre la poche.

La poche est composée d'un dessus de sac de poche et d'un fond de sac de poche.

Si le tissu de la jupe est léger, comme une cotonnade, de la soie ou de la viscose, les différentes pièces de la poche pourront être dans le même tissu. Si le tissu est plus lourd, comme un jacquard, un jean ou un lainage, je vous conseille de réaliser les poches selon la méthode suivante.

Le fond de sac de poche comportera une pièce d'entrée de poche coupée dans le même tissu que l'ouvrage, afin d'éviter que la doublure soit visible, quand la poche s'ouvre lors de mouvements ou en introduisant les mains. Les autres pièces de la poche seront coupées dans un tissu plus fin, voire une doublure, pour éviter de créer une surépaisseur ou de « marquer » la présence des poches.

Le montage de la poche sur la jupe

Dans le cas d'un ouvrage cousu dans un tissu lourd, assemblez l'entrée de poche sur le fond de sac de poche, endroit contre endroit. Rabattez ensuite l'entrée de poche, afin d'obtenir le sac de poche en entier.

Piquez le dessus de sac de poche, endroit contre endroit, sur la partie devant de la jupe, par le côté. Retournez et plaquez le sac de poche à l'extérieur de la jupe.

Assemblez ensuite le fond de sac de poche sur la partie dos de la jupe par le côté, endroit contre endroit. Retournez le fond de sac de poche et plaquez-le également à l'extérieur de la jupe.

Positionnez, endroit contre endroit, les pièces de la jupe devant et dos, les sacs de poche étant déployés vers l'extérieur. Épinglez en partant de la taille puis tout le pourtour des sacs de poche et ensuite le côté de la jupe jusqu'en bas. Piquez.

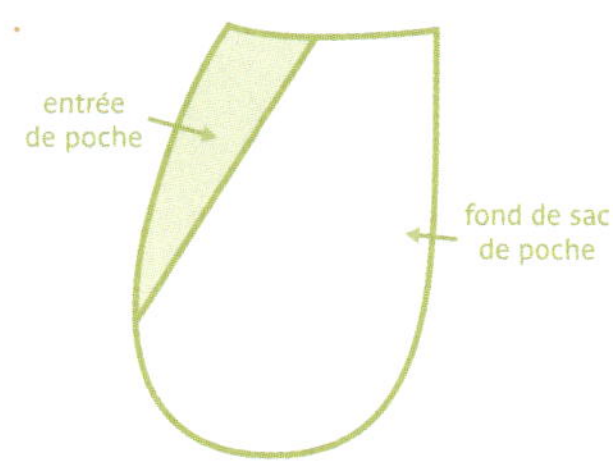

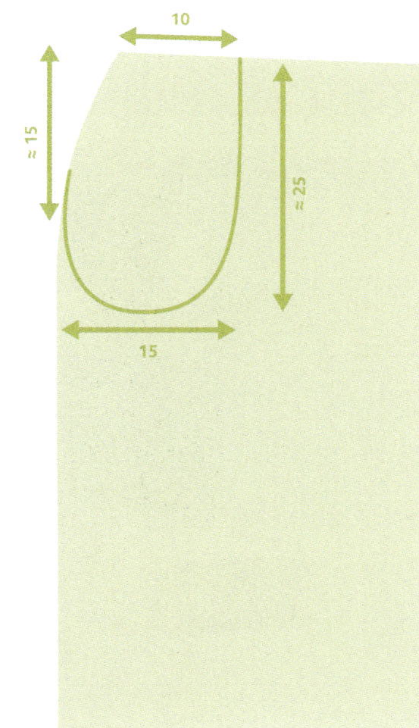

Les modèles

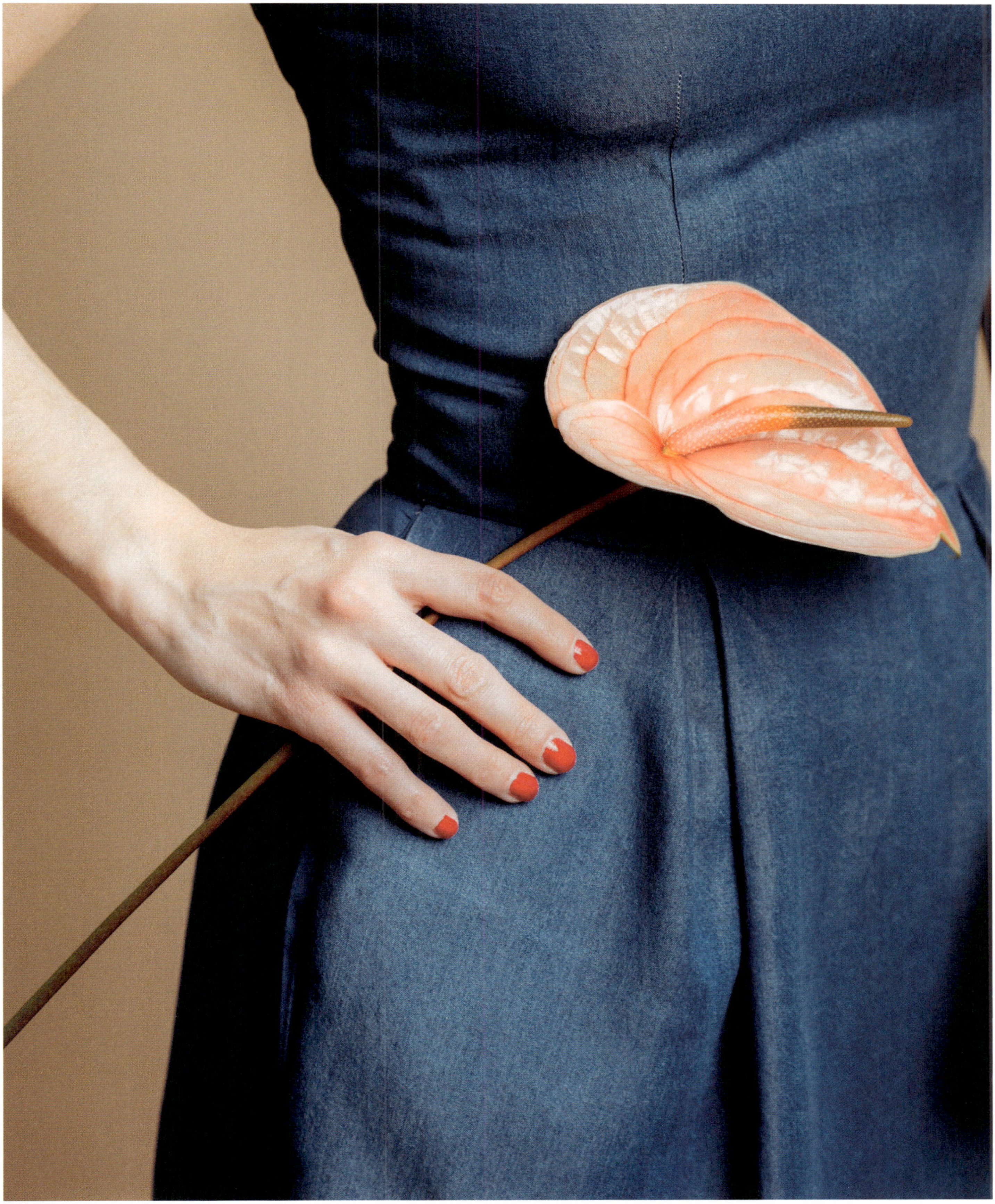

LA ROBE TULIPÉE

Ce modèle va vous permettre d'utiliser plusieurs modifications et éléments décrits dans les leçons :

Techniques utilisées

La jupe tulipée

Le buste avec pince de taille et pince de poitrine

Les parementures du buste et du bas de la jupe

Les poches avec entrée de poche et fond de poche en deux parties

Matériel

◊ *Tissu Tencel fin denim*

◊ *Fermeture éclair invisible de 60 cm de longueur*

Le patron

J'ai commencé par raccourcir le patron de jupe tulipée de 10 cm.

Les modifications du buste de base

Buste devant

J'ai creusé le bas de l'emmanchure de 4 cm et élargi les emmanchures de 2 cm à partir du point 7, puis j'ai rabaissé la pince de poitrine.

J'ai aussi redessiné l'encolure devant (descendue de 3 cm sur la ligne du milieu devant, descendue de 5 cm sur la ligne d'épaule) et j'ai rallongé la ligne d'épaule de 2 cm.

Voir photo 1

Buste dos

J'ai creusé le bas de l'emmanchure de 4 cm et élargi le buste de 2 cm sur la ligne de carrure.

Voir photo 2

J'ai modifié l'encolure dos en descendant de 10 cm sur la ligne du milieu dos et en descendant de 5 cm sur la ligne d'épaule. Enfin, j'ai rallongé la ligne d'épaule de 2 cm.

Voir photos 3 et 4

L'assemblage des patrons du buste et de la jupe

J'ai ensuite positionné, taille contre taille, les patrons de la jupe et du buste, en pinçant les pinces de taille et en les bloquant avec du scotch afin de vérifier si les pinces étaient en face.

Voir photo 5

Comme cela n'était pas le cas, j'ai déplacé la pince de taille du buste.

En m'assurant de la verticalité et de la continuité des milieux de la jupe et du buste, et après avoir pincé les pinces des patrons, j'ai redessiné la ligne de côté du buste pour qu'elle prolonge la ligne de côté de la jupe.

Voir photos 6, 7, 8 et 9

Cette démarche est à suivre pour le devant et le dos.

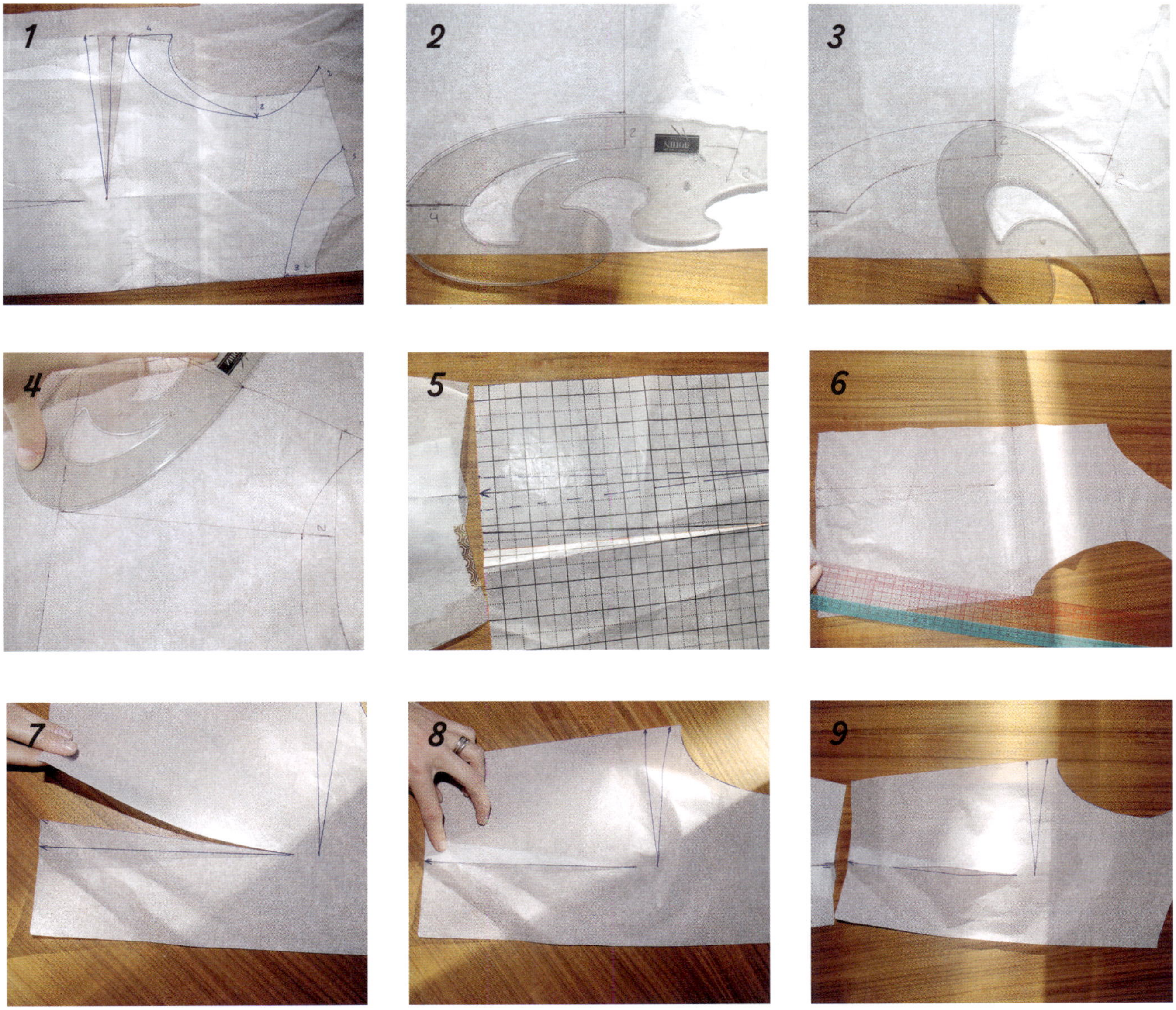
1
2
3
4
5
6
7
8
9

Les parementures

Afin de conférer de jolies finitions à la robe, j'ai réalisé une parementure de buste et aussi une parementure du bas de la jupe qui servira d'ourlet.

Le tracé de la parementure de buste suit exactement le tracé du buste devant et du buste dos pour l'encolure, l'emmanchure, le milieu et le côté.

Voir photos 10 et 11

Découpez le bas de la parementure comme vous le souhaitez, celui que je trace ici n'est qu'un exemple.

Pour le bas de la jupe, tracez une parementure devant et une parementure dos, qui suivent le tracé du bas de jupe, du milieu au côté. Je vous recommande de prendre une hauteur de parementure d'environ 4 cm.

Voir photos 12 et 13

Coupez au pli les deux pièces de parementure, afin d'avoir un devant et un dos.

Les poches

Le tracé des poches suit exactement la marche à suivre de la leçon sur la poche en deux parties, avec un sac de poche, dans un tissu contrastant, et une entrée de poche dans le même tissu que la robe.

Voir photo 14

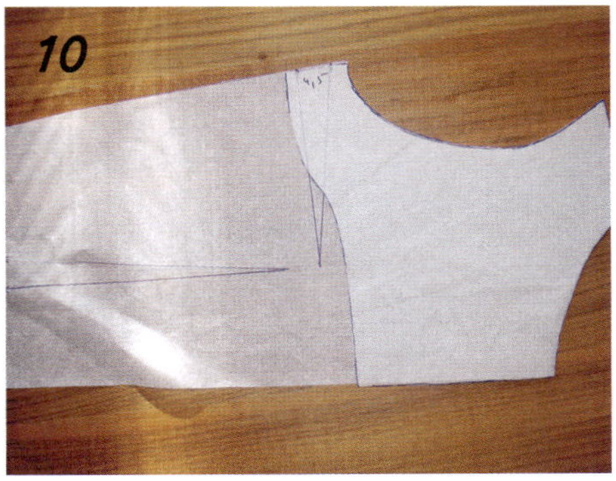
10

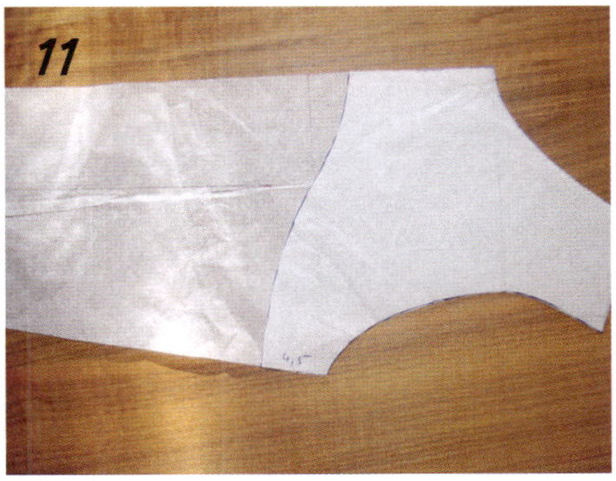
11

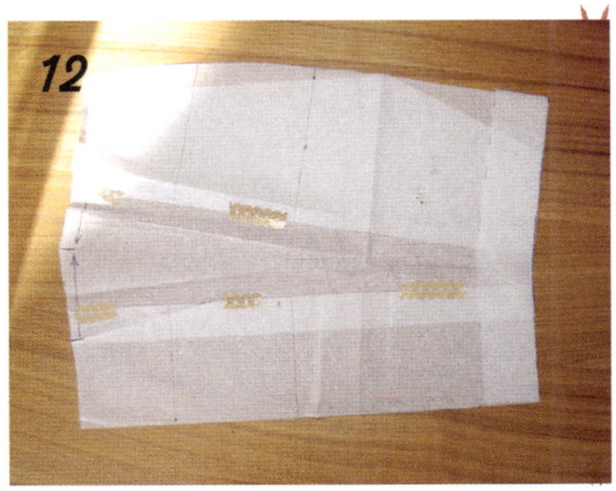
12

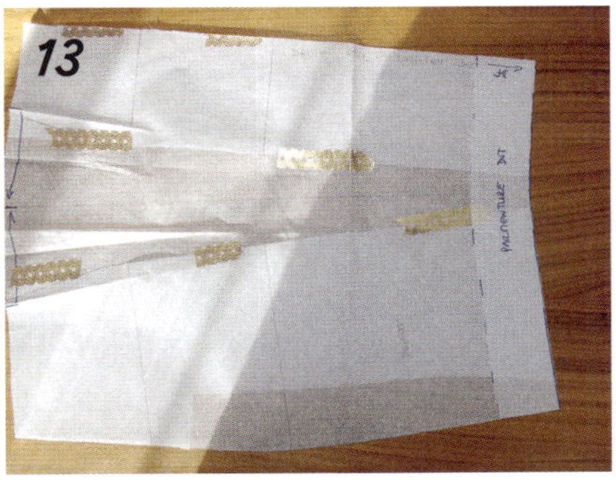
13

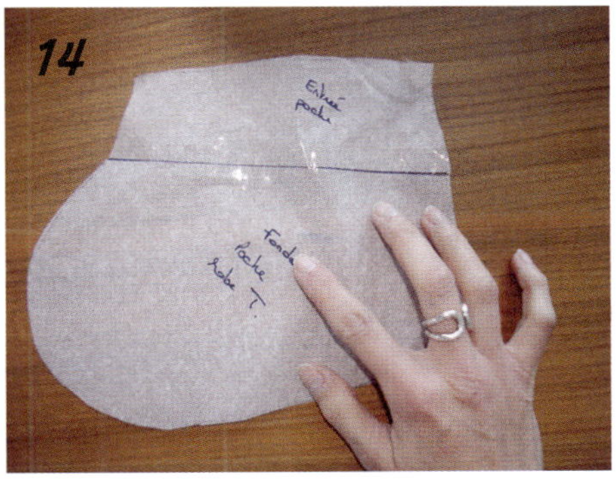
14

Le montage

La découpe des pièces

Les pièces du buste devant, de la jupe devant, des parementures du bas de la jupe et de la parementure du buste devant se placent au pli, les autres sont coupées deux fois dans le tissu. Ajoutez les marges de couture (j'ai pris 1 cm partout) sur le pourtour des pièces, et reportez tous les crans de montage ainsi que les milieux sur le tissu.

Le montage du buste

Piquez les pinces de poitrine et les pinces de taille. Assemblez, endroit contre endroit, le buste devant et les pièces du buste dos par les épaules.

Assemblez, endroit contre endroit, les parementures devant et dos par les épaules.

Voir photo 15

Positionnez, endroit contre endroit, le buste et la parementure déployés et assemblez uniquement par l'encolure et l'emmanchure.

Voir photo 16

Crantez bien les arrondis.

Voir photo 17

Pour pouvoir retourner les pièces, glissez le morceau du buste dos à l'intérieur des épaules entre les pièces de la parementure et du buste.

Voir photos 18, 19 et 20

Repassez bien. Assemblez les côtés en superposant, endroit contre endroit, les pièces du devant et du dos, parementures déployées, elles aussi endroit contre endroit, et en faisant bien correspondre les coutures d'assemblage du dessous de bras des parementures et du buste. Commencez par coudre à partir des bords des parementures jusque sous les bras puis terminez d'assembler les côtés par le buste. Surfilez la couture. Retournez sur l'endroit, rabattez les parementures à l'intérieur du vêtement et repassez bien.

En m'assurant de la verticalité et de la continuité des milieux de la jupe et du buste, et après avoir pincé les pinces des patrons, j'ai redessiné la ligne de côté du buste pour qu'elle prolonge la ligne de côté de la jupe.

Le montage des poches

Assemblez, endroit contre endroit, les entrées de poche sur les sacs de poche, dépliez et repassez bien.

Voir photos 21 et 22

Les fonds de poche avec entrée de poche sont prêts.

Voir photo 23

Surfilez le contour des pièces.

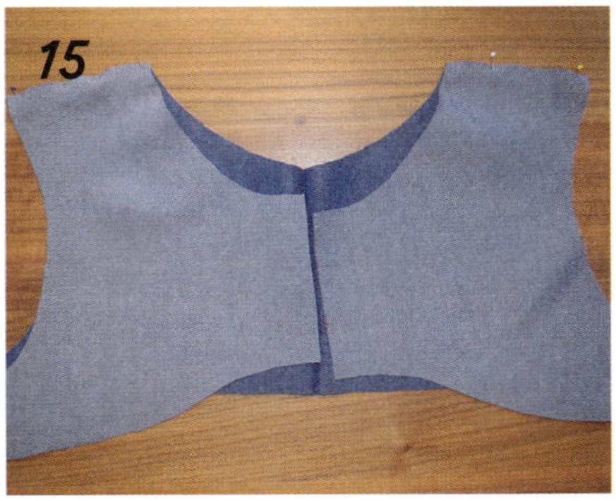
15

16

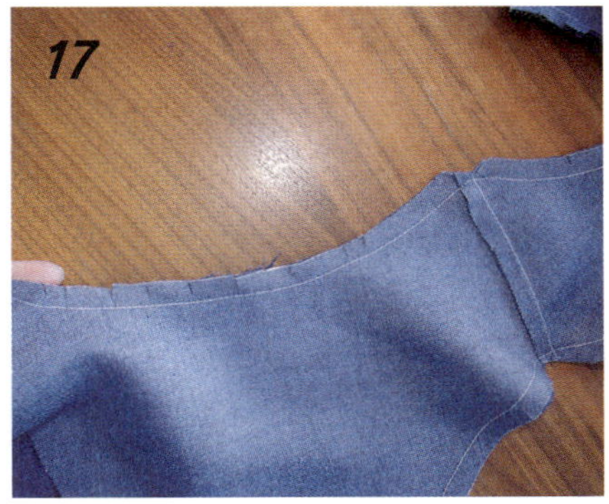
17

18

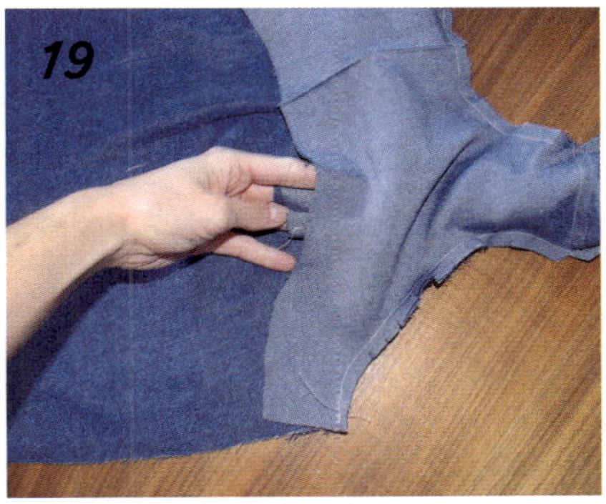
19

20

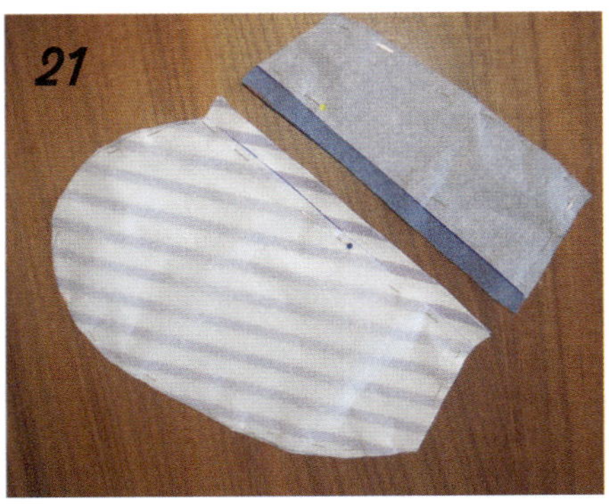
21

22

23

Sur la jupe : réalisez les plis et fixez-les par une piqûre dans la marge de couture sur les pièces du dos et du devant. Surfilez le contour des pièces.

Voir photos 24, 25 et 26

Positionnez, endroit contre endroit, les poches avec entrée de poche sur la jupe dos, et assemblez-les par le côté.

Voir photo 27

Dépliez et repassez bien, plaquez les marges de couture vers les poches. Positionnez les sacs de poche sur la jupe devant et assemblez par les côtés.

Voir photo 28

Dépliez et repassez bien les marges de couture vers les poches.

Poches déployées, positionnez la jupe dos sur la jupe devant, endroit contre endroit. Assemblez, en partant du haut de la poche, puis en suivant tout le contour extérieur de la poche. À la jonction de la poche avec la jupe, maintenez l'aiguille plantée, soulevez le pied-de-biche et faites pivoter l'ouvrage pour le mettre dans le sens de la couture du côté de la jupe.

Voir photo 29

Terminez la couture jusqu'au bas de la jupe. Repassez bien, plaquez les poches vers le devant et maintenez-les en place par une piqûre dans la marge de couture le long de la ligne de taille devant.

L'assemblage du buste et de la jupe

Assemblez, endroit contre endroit, la jupe sur le buste le long de la ligne de taille. Les pinces, les repères de milieu devant et les coutures de côtés serviront de repère au moment d'épingler. Surfilez la couture d'assemblage.

Montez le zip sur le milieu dos en mettant bien le bord du zip près de la couture d'assemblage du buste dos et de la parementure dos et en prenant le zip en sandwich entre le buste et la parementure. Ainsi quand vous retournez l'ouvrage le zip est bien au bord de l'encolure de l'ouvrage. Puis terminez de refermer le milieu dos de la jupe.

Les parementures

Assemblez, endroit contre endroit, les parementures devant et dos par les côtés.

Voir photo 30

Assemblez le bas de la parementure au bas de la jupe, puis retournez et plaquez bien au fer. Surfilez le bord non assemblé de la parementure.

Voir photos 31 et 32

Finissez en cousant le haut de la parementure à la jupe avec un point invisible.

Bravo, la petite robe tulipée est terminée ! Vos gambettes feront la fête cet été !

24

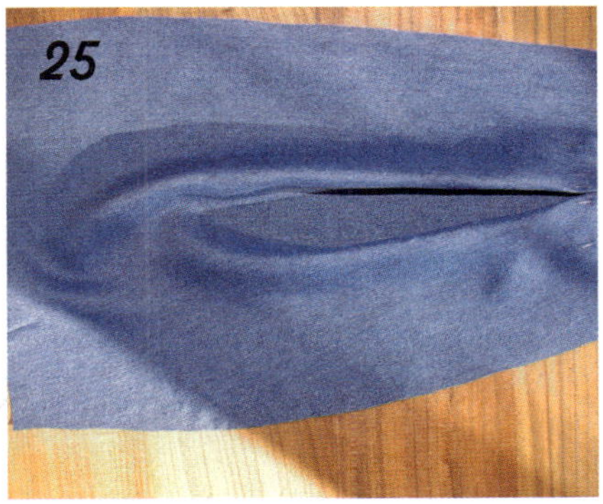
25

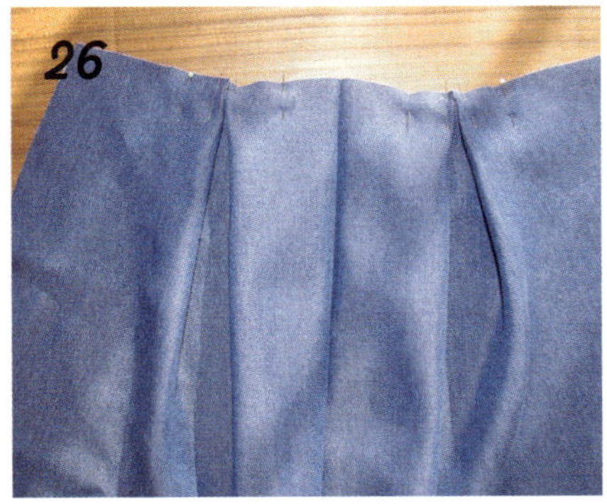
26

27

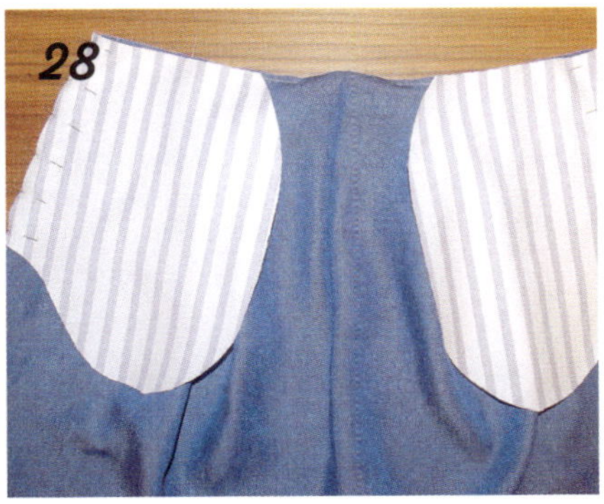
28

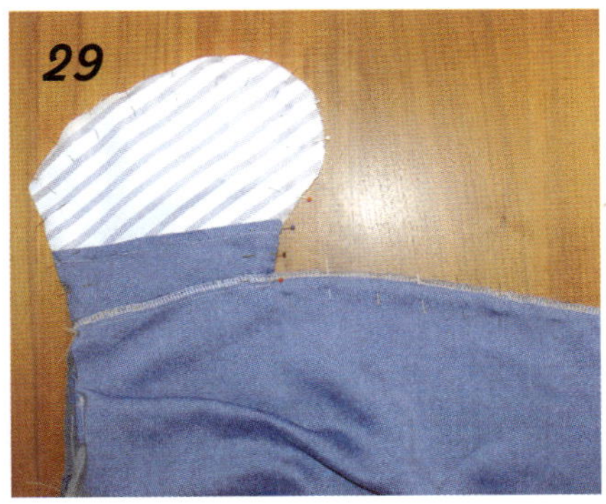
29

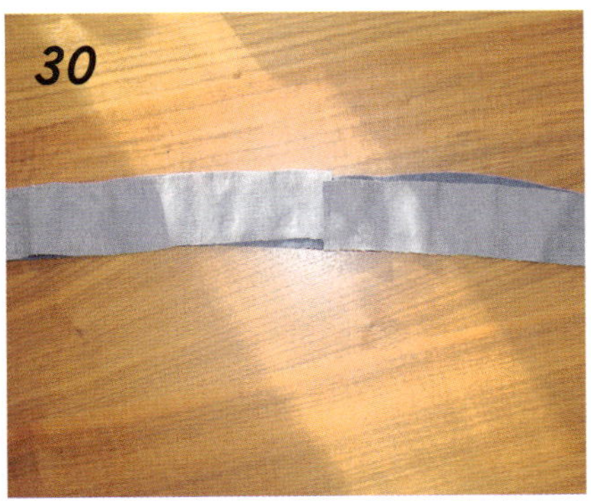
30

31

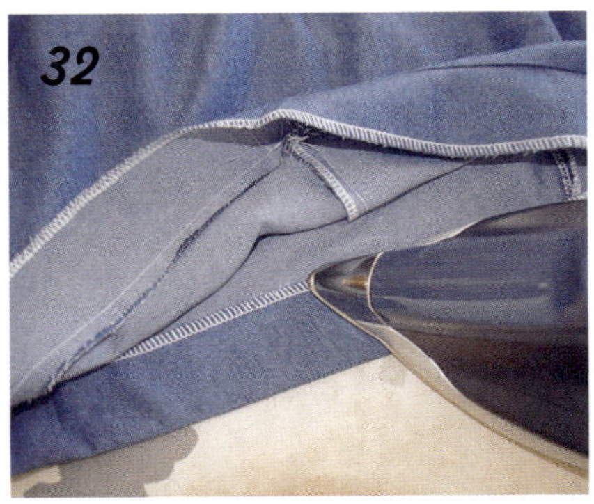
32

LA BLOUSE COL PLAT

Ce modèle va vous permettre d'utiliser plusieurs modifications et éléments décrits dans les leçons :

Matériel

◊ *Tissu crêpe viscose gingko lie de vin*

◊ *Agrafe et lien ou bouton et bride*

Techniques utilisées

L'empiècement pour le dos

Le pli plat

Les manches

La parementure

Le col plat

Le patron

Sur le buste de base devant

Prolongez le tracé d'épaule de 1 cm : ajoutez 1 cm depuis le point 7 à gauche et marquez le point 7'. Descendez de 3 cm l'emmanchure et ajoutez 1 cm sur le côté. Retracez l'emmanchure.

Descendez l'encolure devant de 3 cm le long de la ligne milieu devant et de 1 cm le long de l'épaule. Retracez l'encolure.

Prolongez le patron sur le milieu devant de la hauteur nombril-petites hanches. À partir de ce point, tracez une perpendiculaire à la ligne milieu devant de la valeur : (tour petites hanches / 4) + 4. Reliez le bas de la blouse au dessous de bras.

Sur le buste de base dos

Prolongez le tracé d'épaule de 1 cm. À partir du milieu dos, descendez l'encolure dos de 1 cm et tracez la nouvelle encolure.

Descendez l'emmanchure de 3 cm puis ajoutez 1 cm sur le côté. Retracez l'emmanchure.

Prolongez la ligne de taille, au milieu dos, de la hauteur nombril-petites hanches. À partir de la ligne du milieu dos, tracez une perpendiculaire de la valeur : (tour petites hanches / 4) + 2. Reliez le bas de la blouse et le dessous de bras.

Mettez, épaule contre épaule, les tracés de buste devant et dos afin de vérifier que les longueurs d'épaule s'ajustent.

La création du pli et de l'empiècement

Coupez le patron du buste dos selon la ligne de carrure, cela donne deux morceaux, l'empiècement dos et le bas de buste dos. Pour une profondeur de pli de 2 cm, tracez sur la pièce du bas de buste dos une parallèle à la ligne du milieu dos à 4 cm du milieu dos. Vous obtenez le nouveau milieu dos. C'est en rabattant l'ancien repère du milieu dos sur le nouveau repère de milieu dos que vous formerez le pli plat.

Voir photo 1

Le patron du col (voir la technique du col plat)

Le tracé du col peut suivre un arrondi classique, type col Claudine, mais il peut aussi, comme ici, être plus de fantaisiste.

Voir photo 2, 3 et 4

Une fois le col tracé, repositionnez-le sur les pièces du buste, épinglez-le et assurez-vous que les lignes des milieux devant et dos et les coutures des épaules correspondent aux repères marqués sur le col.

Voir photo 5

Ajoutez les marges de couture.

Voir photo 6

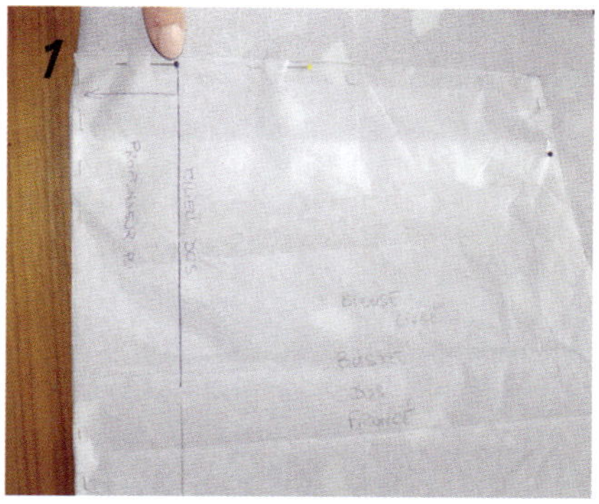

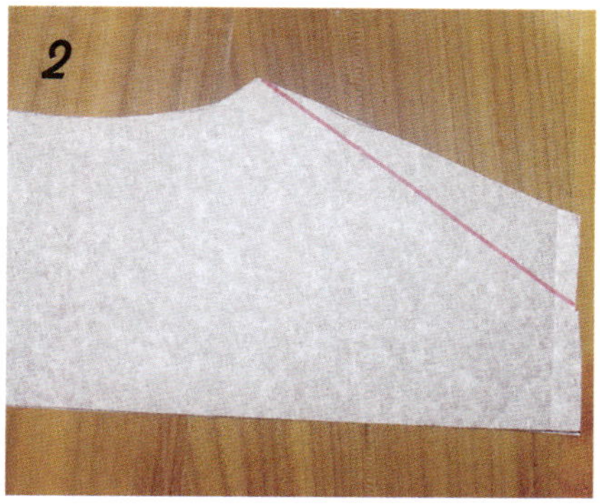

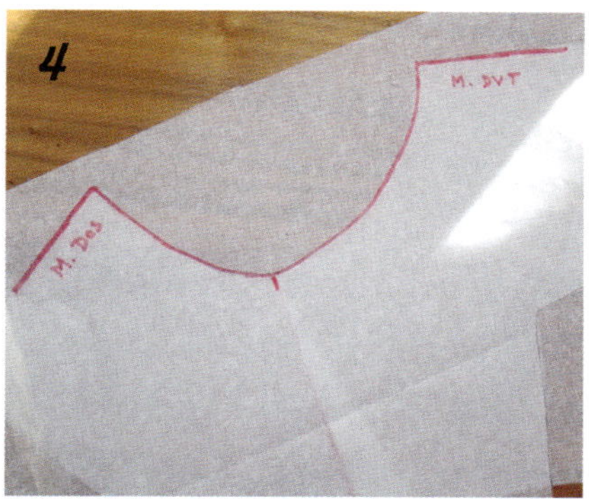

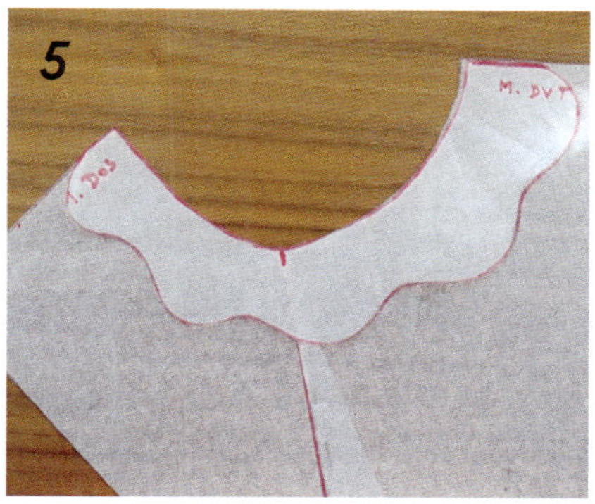

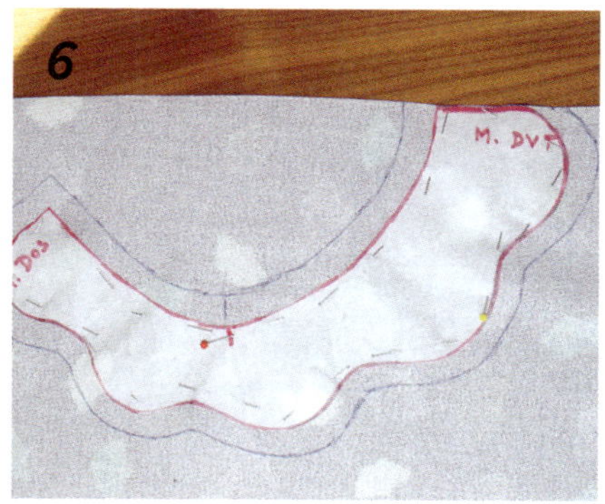

Le patron de la manche courte

Réalisez le patron de la manche (voir la technique de la leçon). Depuis la ligne EF, descendez de 4 cm sous le point E'. Sur chaque côté, descendez de 5 cm sous les points G et H. Tracez le bas de la manche courte.

Voir photo 7

Pour le bas de la manche vous allez réaliser **une parementure** afin d'assurer une finition propre. Décalquez le bas du patron de manche courte et tracez une bande de 3 cm de large suivant les contours du bas de la manche.

Voir photo 8

Vous obtenez ainsi la parementure du bas de manche. Veillez à bien y indiquer les parties devant et dos.

Voir photo 9

Lea découpe des pièces

Sur la laize de tissu repliée, positionnez au pli le buste devant, le bas du buste dos et le col plat qui sera coupé deux fois (dessus et dessous de col). Les autres pièces (manche, parementure de manche, empiècement dos) seront coupées deux fois dans le tissu. À titre indicatif, j'ai compté 1,5 cm de marge de couture autour des pièces et 3 cm pour l'ourlet du bas de la blouse. Entoilez le dessus de col.

Voir photo 10

Le montage

Assemblez les deux pièces du col, endroit contre endroit, sans coudre le long de l'encolure afin de pouvoir retourner le col sur l'endroit.

Voir photo 11

Crantez les arrondis puis retournez. Repassez bien.

Réalisez les ourlets des milieux dos des empiècements dos : repliez sur 0,5 cm, fixez le pli au fer à repasser, puis repliez 0,5 cm et piquez. (Attention, reportez-vous au montage du col avant cette étape, selon le type de finitions choisies.)

Voir photo 12

Piquez les pinces de poitrine sur la pièce du buste devant. Assemblez, endroit contre endroit, par les épaules les pièces de l'empiècement dos et le buste devant. Ouvrez la couture au fer et surfilez les bords.

Positionnez le col, envers contre endroit de la blouse, et piquez sur toute l'encolure.

Voir photo 13

Vous avez le choix entre différentes finitions possibles : pose d'un biais, réalisation d'une parementure ou surfilage du rebord de votre encolure. J'ai choisi cette dernière méthode ici car elle est la plus aisée pour le montage du modèle. Si vous optez pour un biais ou une parementure, l'ordre d'assemblage est modifié pour les empiècements dos. Il ne faut réaliser les ourlets des milieux dos des empiècements qu'après avoir monté le col afin d'y prendre dans la couture le bord du biais ou de la parementure d'encolure.

Surfilez la marge de couture et rabattez-la vers l'intérieur en plaquant bien au fer. Fixez la marge de couture à l'intérieur du vêtement par une piqûre proche de l'encolure qui sera cachée sous le col.

Voir photo 14

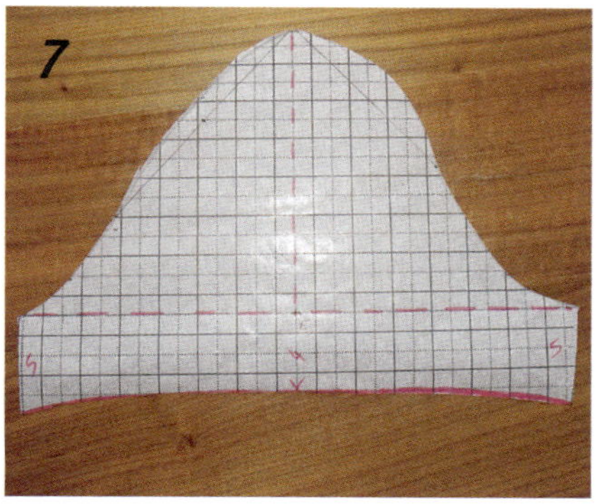
7

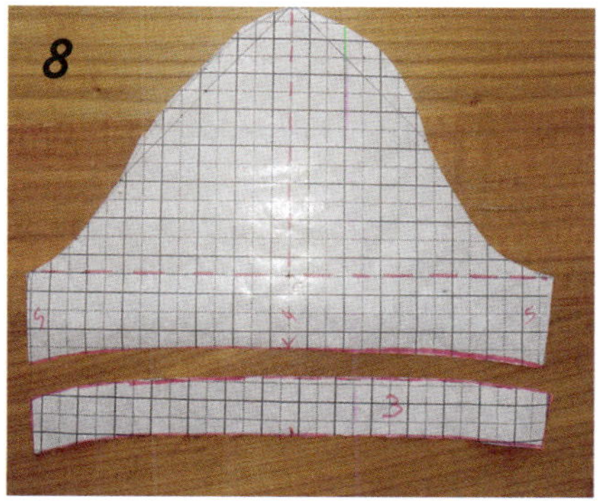
8

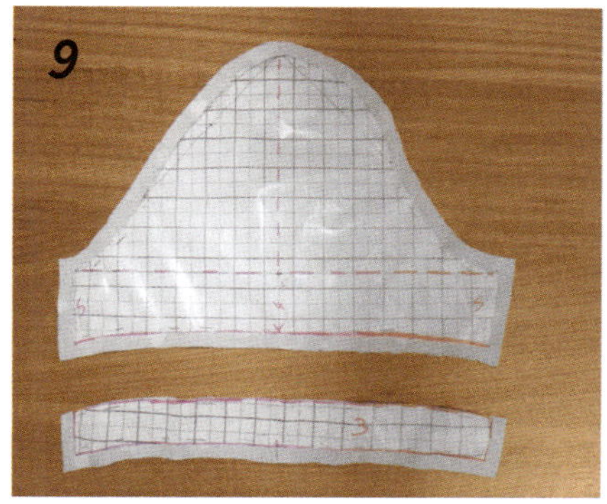
9

10

11

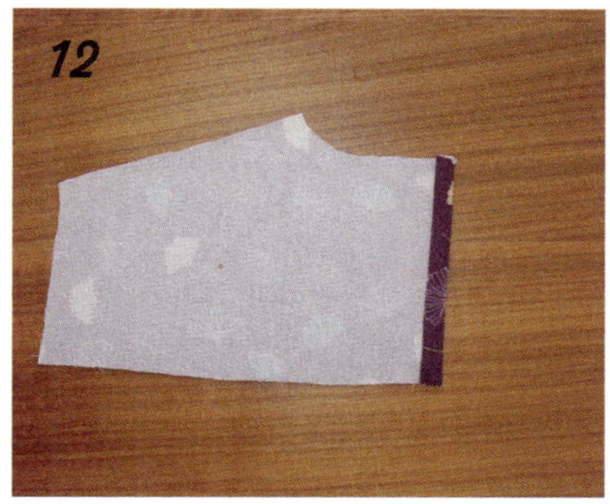
12

13

14

Piquez le pli du milieu dos.

Voir photos 15, 16, 17 et 18

Positionnez, endroit contre endroit, les empiècements dos sur le bas de buste dos en alignant bien les pièces sur le milieu dos. Piquez et plaquez les marges de couture vers le bas, surfilez.

Voir photos 19 et 20

Surfilez les emmanchures et les côtés de la blouse. Assemblez la blouse, endroit contre endroit, par les côtés, ouvrez les coutures.

Surfilez les pièces de manche et parementure de manche. Fermez ensuite les manches. Repliez sur son endroit la parementure du bas de manche afin de la fermer. Mettez, endroit contre endroit, la parementure sur la manche, épinglez en faisant correspondre la couture d'assemblage de la parementure et la couture de dessous de bras de la manche et assemblez le bas de la manche et la parementure.

Voir photo 21

Retournez et plaquez au fer la parementure à l'intérieur de la manche. Fixez-la par un point invisible.

Voir photo 22

Montez les manches sur la blouse : assemblez la manche sur le buste, endroit contre endroit. Mettez le vêtement sur l'envers et la manche sur l'endroit. Assemblez la manche, endroit contre endroit, en la glissant dans l'ouverture de la blouse. Le bras sera à l'intérieur de la blouse. Veillez à positionner le cran de tête de manche en face de la couture d'épaule et répartissez bien l'embu en épinglant.

Il ne reste qu'à réaliser l'ourlet du bas de la blouse. Repliez le bas de la blouse sur l'envers de 1 cm, marquez bien au fer à repasser, repliez à nouveau sur 1,5 cm et piquez.

Oh, que vous allez aimer les belles journées de printemps dans cette petite blouse preppy !

15

16

17

18

19

20

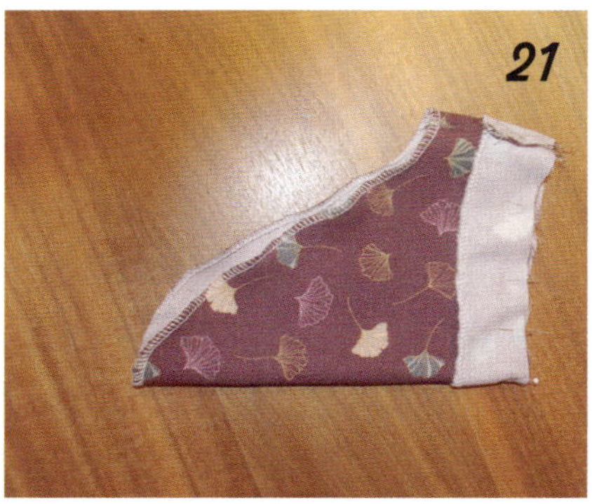
21

22

LE CHEMISIER SANS MANCHES

Ce modèle va vous permettre d'utiliser plusieurs modifications et éléments décrits dans les leçons :

Techniques utilisées

Le volant froncé

La patte de boutonnage

Les empiècements dos et devant

La parementure d'encolure

Matériel

◊ *Tissu coton blanc*

◊ *7 boutons*

Le patron

Les modifications du buste de base devant

À partir du buste de base devant : refermez la pince de poitrine et ouvrez la pince d'épaule.

Voir photo 1

Descendez l'encolure de 10 cm sur la ligne du milieu devant et de 1 cm le long de l'épaule et retracez l'encolure devant.

Voir photo 2

Rallongez de 1 cm l'épaule, marquez un point à 1 cm à gauche de 7, descendez de 3,5 cm l'emmanchure sous le point 9 et déplacez de 1 cm la ligne de côté. Retracez l'emmanchure.

Voir photo 3

Rallongez la ligne du milieu devant de 15 cm à partir de la taille et, à partir de là, tracez une perpendiculaire de la valeur (TPH / 4) + 4.

Voir photo 4

Tracez le nouveau côté, puis remontez de 10 cm sur la ligne de côté. Tracez l'arrondi qui forme le bas devant du chemisier.

Voir photo 5

Les modifications du buste de base dos

À partir du buste de base dos : descendez l'encolure de 1 cm sur la ligne du milieu dos et de 1 cm le long de l'épaule. Retracez l'encolure dos.

Rallongez l'épaule de 1 cm, descendez l'emmanchure de 3,5 cm sous le point 9 et déplacez la ligne côté de 1 cm. Retracez l'emmanchure dos.

Rallongez la ligne du milieu dos de 15 cm à partir de la ligne de taille, tracez la perpendiculaire passant par ce point de la valeur : (TPH / 4) + 2. Tracez le nouveau côté, puis remontez sur la ligne de côté de 10 cm. Tracez enfin l'arrondi qui forme le bas dos du chemisier.

Le patron de l'empiècement dos

Coupez le patron du dos retracé le long de la ligne de carrure et séparez-le en deux pièces, l'empiècement dos et le bas du buste dos.

Voir photo 6

Le patron de l'empiècement devant

Coupez le patron du devant retracé le long de la ligne de carrure, vous obtenez deux pièces : l'empiècement devant et le bas du buste devant.

Voir photo 7

Fermez la pince d'épaule sur l'empiècement. Le patron est prêt !

Voir photo 8

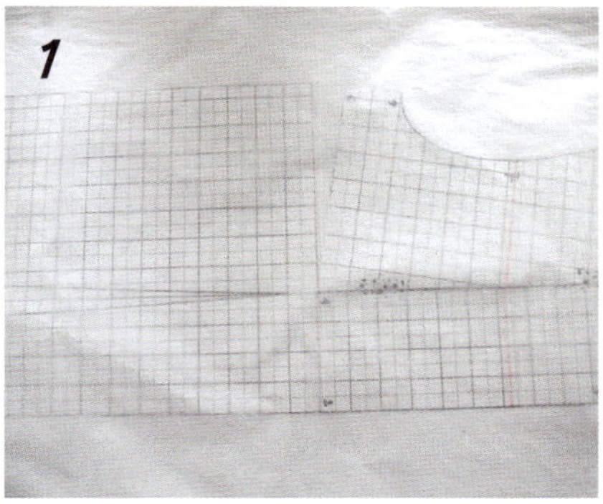

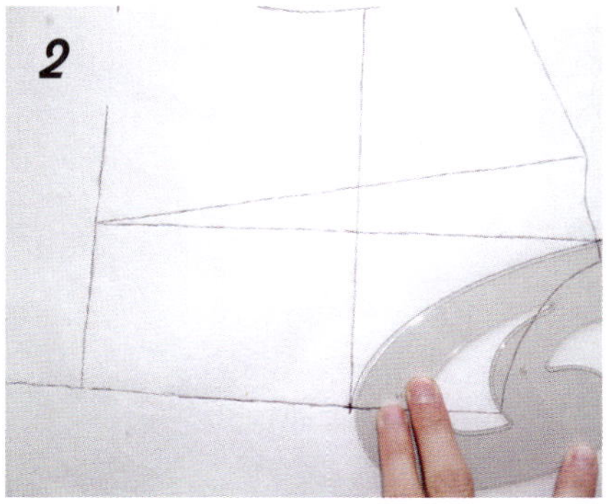

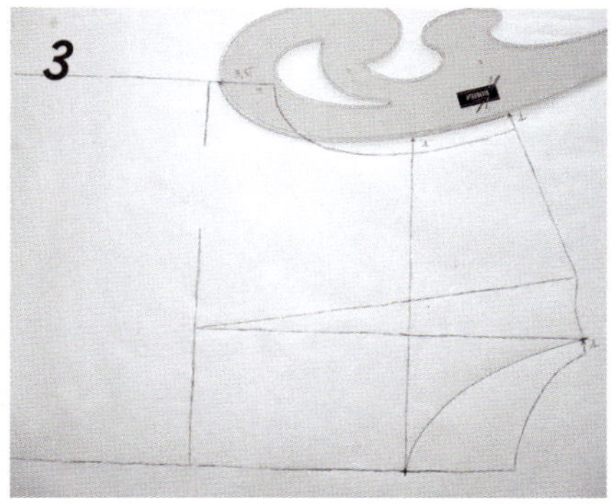

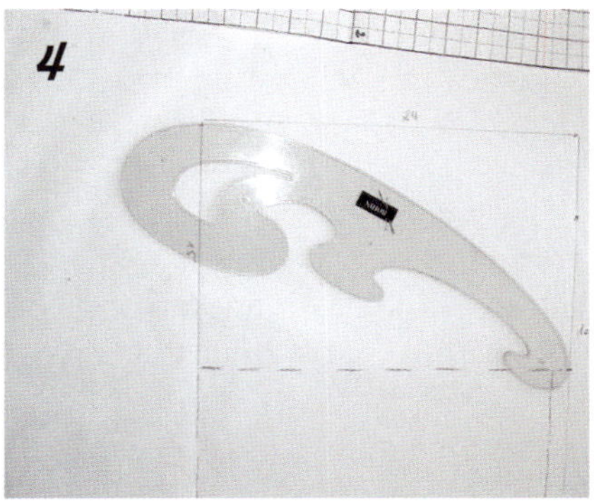

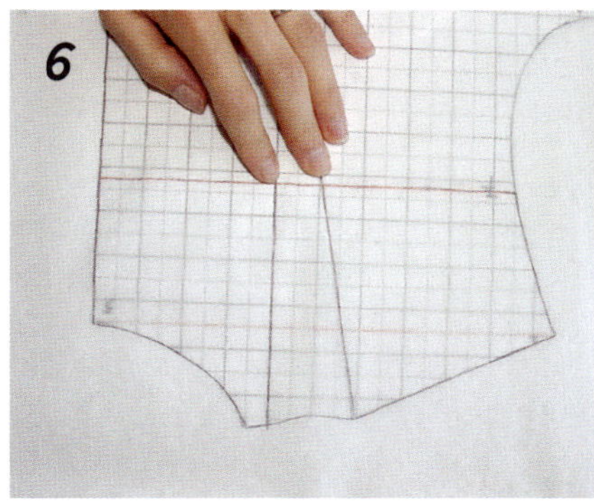

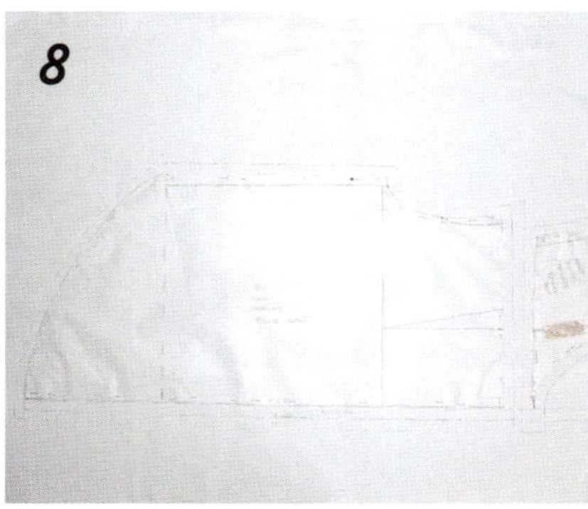

Les patrons de la parementure d'encolure et de la patte de boutonnage

Les principes de la parementure ont été décrits dans la leçon.

Tracez sur le buste devant (empiècement et bas du buste) la patte de boutonnage : décalquez la ligne du milieu devant, l'épaule, le bas de la blouse et l'encolure. Comme largeur de parementure, prenez une marge de 3 cm sur l'épaule, de 2 cm à gauche de la ligne du milieu devant et de 1 cm pour la croisure et profitez-en pour ajoutez 1 cm de marge de couture au milieu devant. Tracez en arrondi de l'encolure à la partie milieu devant.

Voir photo 9

Sur le buste dos, décalquez la ligne du milieu dos, l'encolure et la ligne d'épaule. Descendez de 5 cm sur la ligne du milieu dos et sur l'épaule marquez 3 cm comme largeur de parementure. Tracez la parementure en décrivant une courbe.

Vous avez désormais les pièces des parementures devant et dos.

Voir photo 10

La bande froncée ou volant dos

Mesurez sur le patron du buste dos la longueur de la ligne de carrure dos. Multipliez cette valeur par 2, vous obtenez la longueur de la bande à froncer. J'ai pris ici 5 cm de largeur en incluant, de part et d'autre, 1 cm de marges de couture. Tracez un rectangle selon les mesures que vous placez au pli pour couper le volant.

Le montage

La découpe des pièces

Sur la laize de tissu pliée en deux, mettez au pli le bas de buste dos, l'empiècement du dos, la bande du volant et la parementure dos. Les autres pièces sont à couper deux fois.

Voir photo 11

Ajoutez toutes les marges de couture (1 cm sur tous les côtés, excepté le milieu devant de la parementure, et 2 cm pour les ourlets).

Voir photo 12

N'oubliez pas de reporter tous les repères de milieu sur les pièces au pli.

Le montage du volant

Réalisez un ourlet mouchoir sur le bas et les côtés du volant : repliez une fois sur 0,5 cm le tissu sur l'envers et faites une première couture. Repliez ensuite une seconde fois tout près de la première couture et piquez. Sur l'envers on distinguera les deux coutures mais sur l'endroit une seule sera visible.

Voir photo 13

Froncez le volant dos.

Voir photo 14

Épinglez-le, endroit contre endroit, sur le bas du buste dos en répartissant les fronces.

Voir photo 15

Laissez bien 1 cm de chaque côté sans volant, afin de pouvoir ensuite faire la finition d'emmanchure.

Voir photo 16

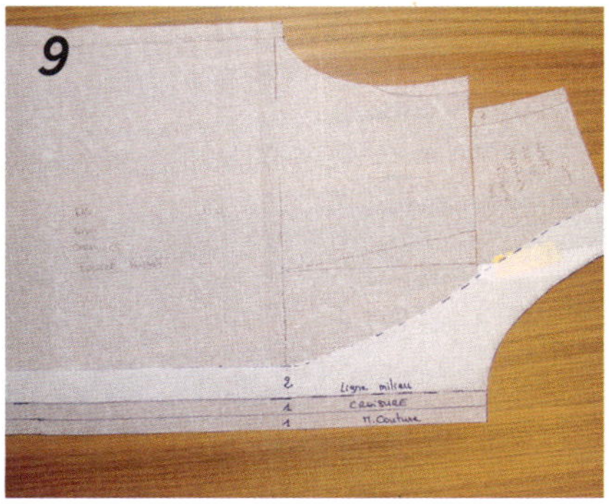
9

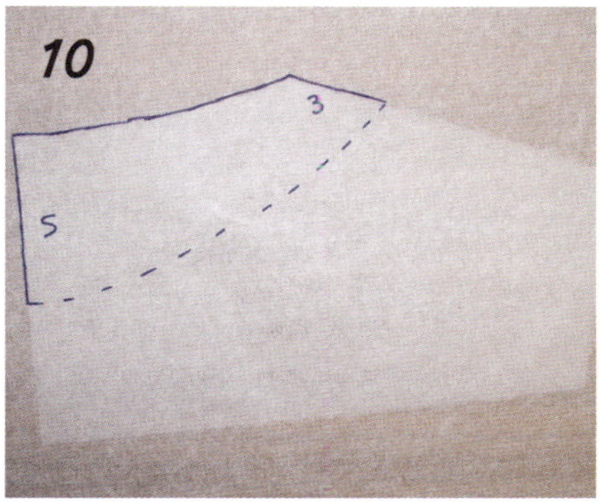
10
3
5

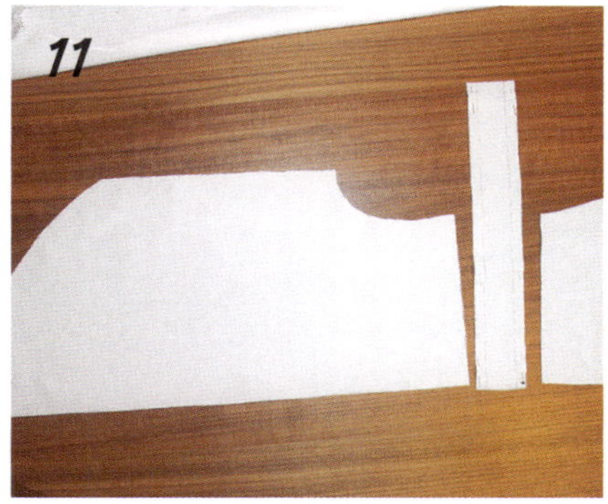
11

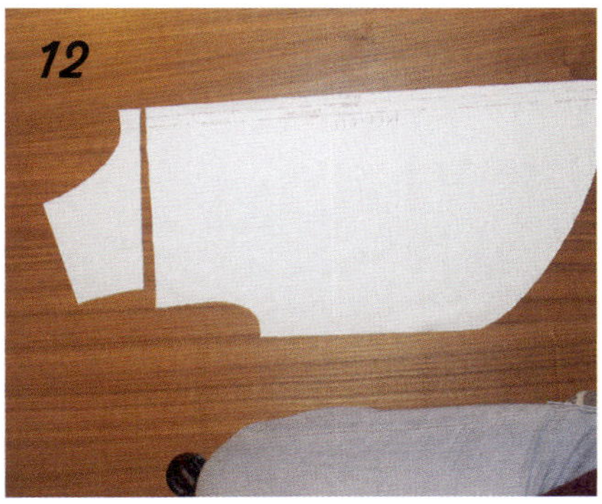
12

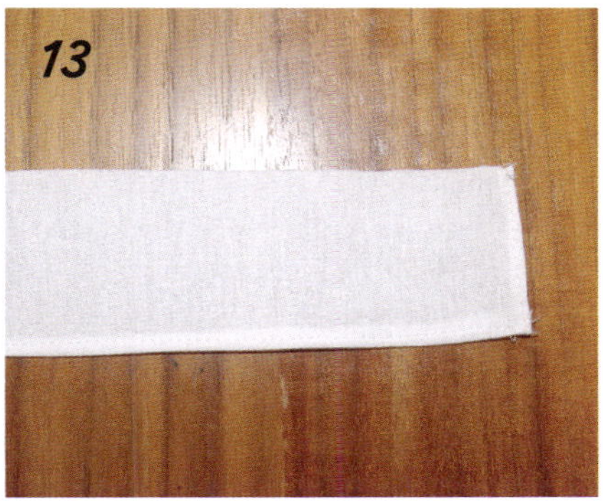
13

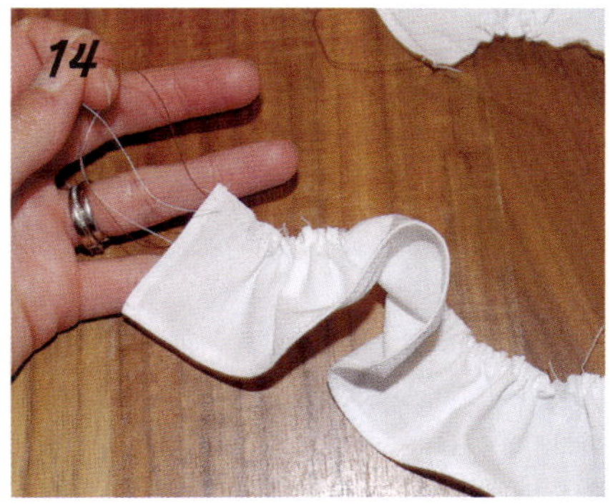
14

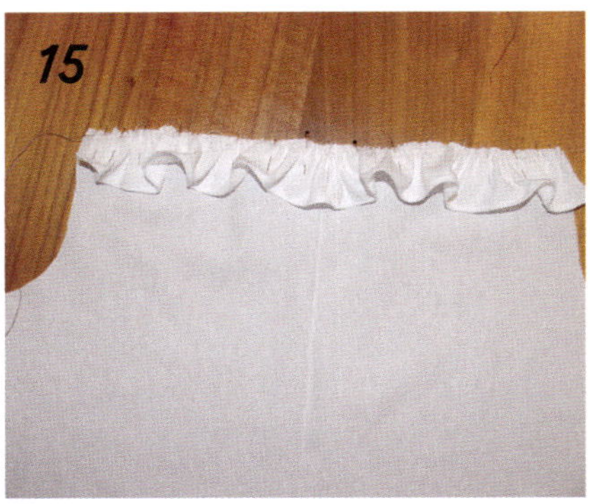
15

16

Piquez à 0,5 cm. Retirez le fil de fronce. Épinglez ensuite, endroit contre endroit, l'empiècement dos sur le bas du buste dos (le volant est donc pris entre les deux pièces). Piquez et surfilez les marges de couture.

Voir photos 17, 18 et 19

L'assemblage du chemisier

Sur le bas du buste devant, froncez sur la ligne de carrure afin d'absorber la pince laissée ouverte. Épinglez l'empiècement devant sur le buste devant en répartissant vos fonces (ici elles sont de faible étendue car j'ai peu de poitrine).

Voir photo 20

Piquez, ouvrez la couture au fer et surfilez les marges de couture.

Voir photos 21 et 22

Mettez les pièces du buste devant réalisées et le buste dos, endroit contre endroit, et assemblez par les épaules. Ouvrez les coutures au fer et surfilez les bords.

Assemblez, endroit contre endroit, par les épaules les pièces des parementures devant et de la parementure dos, piquez. Ouvrez les coutures, repassez bien puis surfilez les bords.

Assemblez, endroit contre endroit, la parementure et le chemisier, le long des milieux devant et de l'encolure. Aidez-vous des repères du milieu dos et faites se rencontrer les coutures d'épaule chemisier et parementure.

Voir photo 23

Crantez les arrondis et dégarnissez les angles, puis retournez la parementure sur l'envers du chemisier et repassez bien.

Voir photo 24

Assemblez le vêtement par les côtés, endroit contre endroit.

Réalisez l'ourlet du bas du chemisier, par exemple avec un ourlet mouchoir. Il est ainsi plus aisé de gérer les courbes.

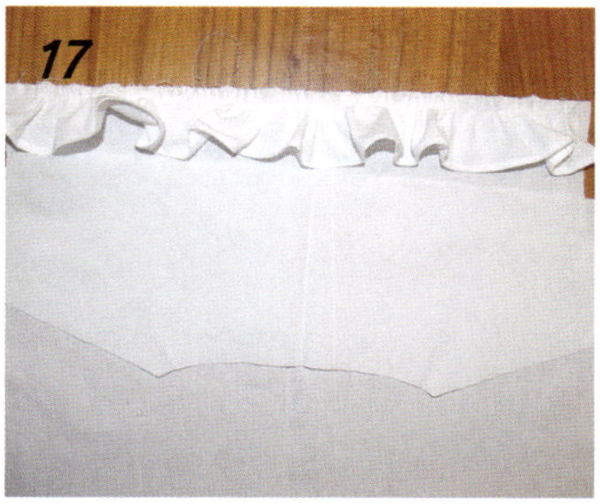
17

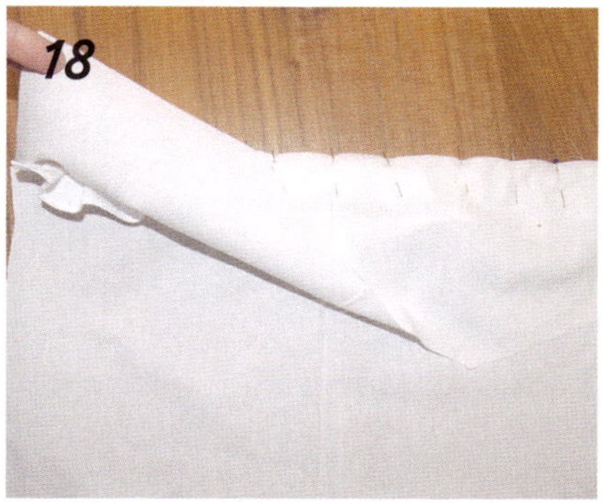
18

19

20

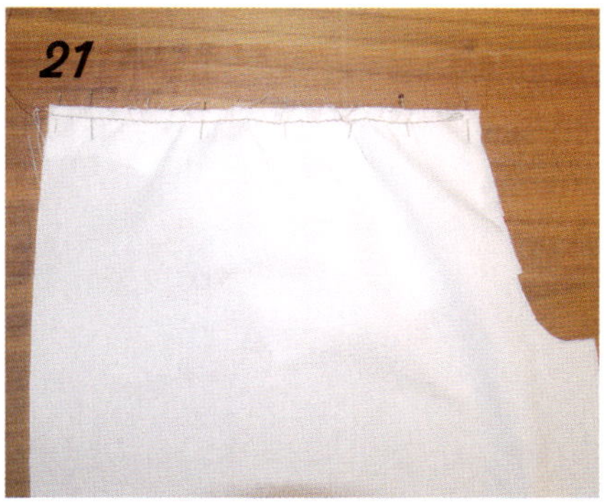
21

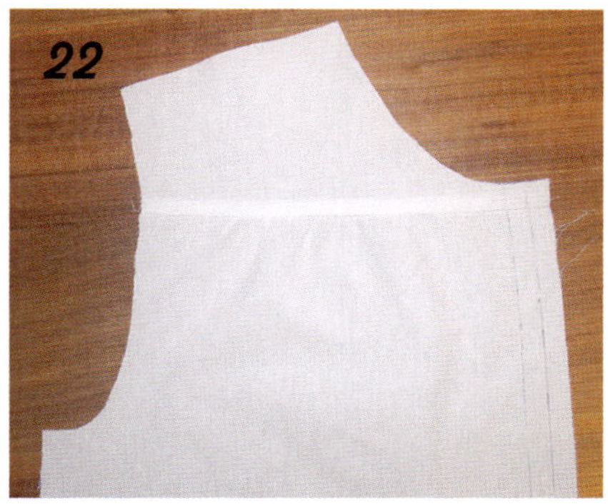
22

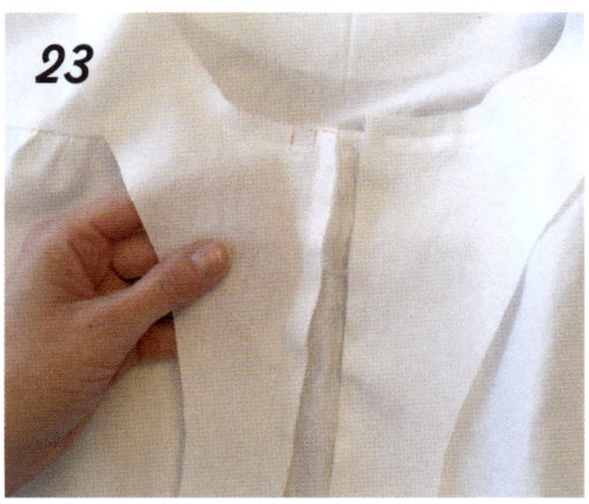
23

24

Les finitions

Pose du biais. Pour une finition propre des emmanchures, j'ai choisi de poser un biais. J'ai confectionné le biais dans le même tissu que la chemise mais vous pouvez aussi utiliser un biais du commerce. Ouvrez le biais et épinglez-le, endroit contre endroit, sur tout le tour de l'emmanchure. Piquez à 1 mm du pli supérieur du biais et crantez tout le tour de l'arrondi.

Voir photo 25

Retournez le biais : le tissu et le biais sont à l'endroit.

Faites une piqûre à 2 mm de la jonction tissu-biais, et piquez le biais avec le rebord intérieur de l'emmanchure (marge de couture) ainsi le biais sera bien en place une fois cousu à l'intérieur.

Voir photo 26

Retournez le biais à l'intérieur de l'encolure. Tissu et biais se retrouvent donc envers contre envers. Repliez le biais, recoupez-le et repassez. Piquez à 2 mm du bord inférieur ainsi il y aura sur l'endroit une seule couture visible et sur l'envers les deux coutures d'assemblage.

Voir photos 27, 28, 29 et 30

Il ne vous reste plus qu'à réaliser les boutonnières.

L'emplacement des boutonnières, et donc des boutons, répond à quelques principes. Par exemple, il convient de placer les boutonnières à droite pour les femmes. Pour moi le bouton « essentiel » est celui qui vient fermer le chemisier à la hauteur de la poitrine (un chemisier qui tire et s'entrouvre n'est pas du meilleur effet, n'est-ce pas ?). Marquez sur le chemisier l'emplacement de ce bouton. Marquez ensuite l'emplacement du bouton du haut (0,5 cm sous le bord de l'encolure, pour être en dessous de la couture d'assemblage de l'empiècement du buste, me semble bien). Mesurez la valeur entre les deux boutons et divisez-la par 2 pour placer un bouton entre ces deux repères.

Conservez cette distance entre chaque bouton jusqu'au dernier emplacement du bouton tout en bas (en moyenne 3 à 5 cm de distance maximum avec l'ourlet bas). Concernant la distance au bord du chemisier, on place les boutons sur la ligne du milieu devant. Ainsi les pattes de boutonnage (c'est-à-dire le bord du vêtement sur lequel sont cousus les boutons et les boutonnières) se chevauchent.

Faites bien attention à ce que les boutons soient alignés. Pour cela, mesurez la distance du bouton au bord du vêtement pour qu'elle soit la même pour tous les boutons. Réalisez les boutonnières et cousez les boutons.

Vous pouvez être fière, les chemisiers n'auront plus de secret pour vous désormais !

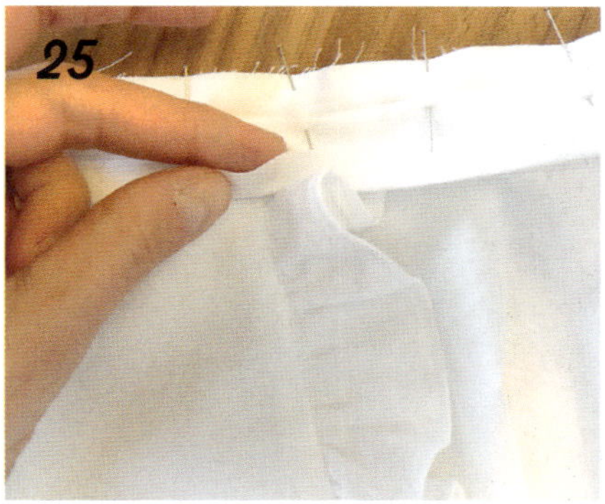
25

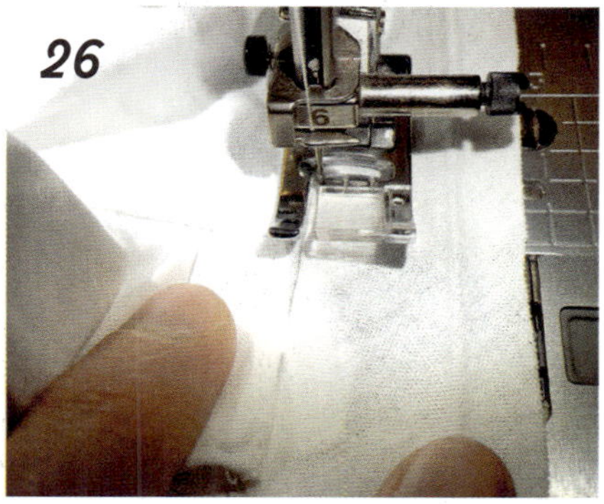
26

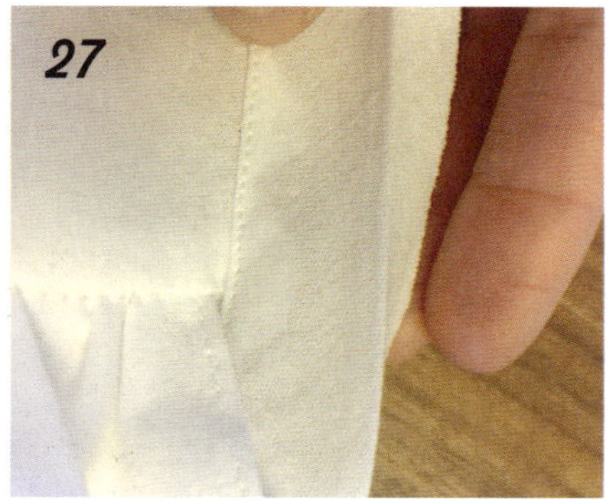
27

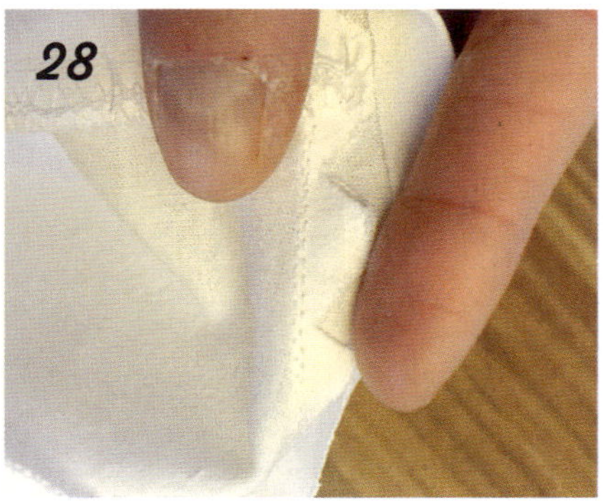
28

29

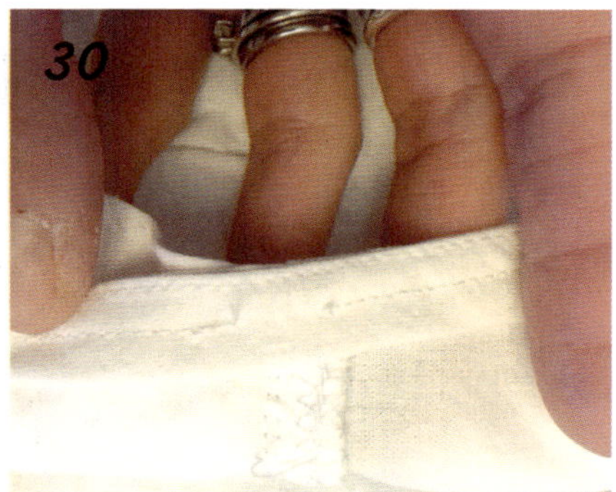
30

LA JUPE À PLIS

Ce modèle va vous permettre d'utiliser plusieurs modifications et éléments décrits dans les leçons :

Techniques utilisées

La jupe à plis

Les poches

Matériel

◊ *Tissu crêpe pois blanc sur fond noir*

◊ *Fermeture éclair de 35 cm*

Le patron

Le patron de cette jupe suit exactement la réalisation du patron tel qu'il est décrit dans la leçon.

La longueur est simplement rallongée de 10 cm afin d'avoir une jupe midi, mais libre à vous de déterminer la longueur que vous souhaitez, il suffit de rallonger à partir de la ligne de côté et de la ligne du milieu des pièces. Cette jupe comporte des poches prises dans la couture et une ceinture. Le patron des poches est réalisé comme dans la leçon. Ici j'ai choisi un tissu assez léger et fluide, les sacs de poche sont donc réalisés intégralement dans le même tissu que la jupe. La ceinture est une bande droite coupée au pli, sa longueur est déterminée par la mesure du tour de taille de la jupe assemblée, les plis formés et les côtés cousus. Cette bande mesure ici 8 cm de large, auxquels on ajoute les marges de couture (1 cm en haut et en bas). Le rectangle de ceinture est plié en deux sur sa longueur avant d'être assemblé. Il faut entoiler la ceinture.

Le montage

La découpe des pièces

Disposez la laize de tissu pliée en deux. Le devant de la jupe et la ceinture sont au pli, les autres pièces sont coupées deux fois dans le tissu.

Ajoutez les marges de couture (j'ai pris 1,5 cm pour les côtés et la taille et 3 cm pour l'ourlet du bas de la jupe). Marquez les milieux sur les pièces au pli.

Formez les plis sur les parties de la jupe devant et de la jupe dos.

Voir photos 1 et 2

Épinglez-les et piquez-les dans la marge de couture afin de les stabiliser.

Voir photo 3

Surfilez le contour des pièces.

Le montage des poches

Après avoir préalablement surfilé le pourtour des poches, positionnez, endroit contre endroit, les entrées de poche des fonds de poche sur chaque côté de la jupe dos, et assemblez par le côté.

Voir photo 4

Dépliez et repassez bien, plaquez les marges de couture vers les poches.

Positionnez les dessus de sacs de poche sur chaque côté de la jupe devant et assemblez par les côtés.

Voir photo 5

Dépliez et repassez bien les marges de couture vers les poches.

Voir photo 6

Poches déployées, positionnez la jupe dos sur la jupe devant, endroit contre endroit. Assemblez en partant du haut de la poche, en suivant tout le contour extérieur de la poche. À la jonction de la poche et de la jupe, maintenez l'aiguille plantée, soulevez le pied-de-biche et faites pivoter l'ouvrage pour le mettre dans le sens de la couture de côté de la jupe. Terminez la couture jusqu'au bas de la jupe.

Voir photo 7

Repassez bien, plaquez les poches vers le devant et maintenez-les en place en réalisant une piqûre dans la marge de couture de la ligne de taille devant.

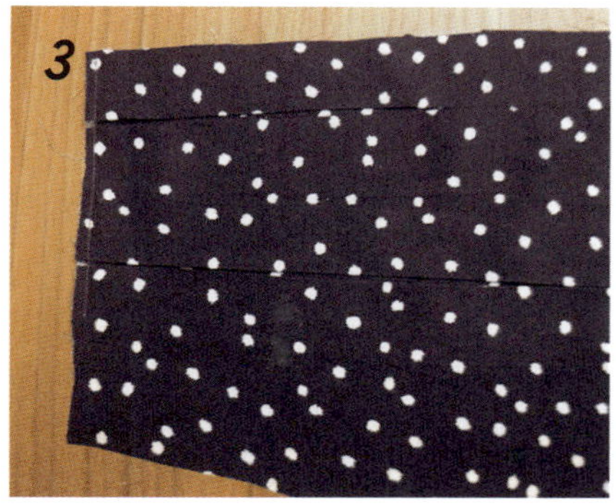

Le montage de la ceinture et du zip

Préalablement, entoilez la ceinture.

Voir photo 8

Mettez, endroit contre endroit, la ceinture sur la ligne de taille de la jupe et piquez.

Voir photo 9

Positionnez le zip de sorte que le bout du zip soit juste sous la zone de pliure de la ceinture.

Voir photo 10

Montez le zip sur la jupe en vous assurant que les lignes de couture de la ceinture avec la jupe soient bien en face, de part et d'autre du zip. N'hésitez pas à le bâtir à larges points avant la couture pour vérifier sa position.

Voir photo 11

Le zip est cousu, repliez la ceinture, endroit contre endroit, selon la ligne de pliure et piquez au milieu dos, suivant la ligne d'assemblage du zip, de sorte que, lorsque vous retournez l'ouvrage, le zip soit pris en sandwich entre les deux parties de la ceinture.

Voir photo 12

Avant de retourner dégarnissez bien l'angle. Terminez en fixant la ceinture à l'intérieur de la jupe : piquez le rentré de la ceinture avec une piqûre à quelques millimètres de la couture d'assemblage ceinture, jupe et visible sur l'endroit.

Voir photo 13

Finissez de coudre le dos de la jupe pour la refermer sous le zip, et réalisez l'ourlet du bas de la jupe. J'ai choisi de réaliser un ourlet invisible.

Voir photo 14

Eh bien, je crois que vous êtes prête à faire tourner les têtes en toute simplicité dans votre belle jupe !

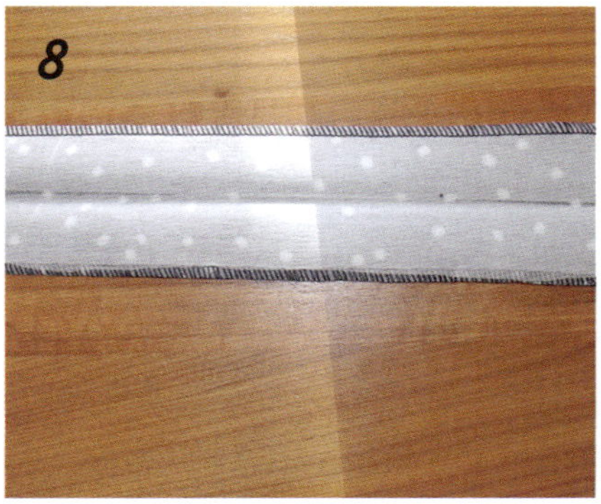
8

9

10

11

12

13

14

LA ROBE MANCHES LONGUES

Ce modèle va vous permettre d'utiliser plusieurs modifications et éléments décrits dans les leçons :

Techniques utilisées

Le col avec pied de col

Le buste découpe princesse

Le tracé de manches longues

La jupe trapèze

Les volants en forme (cercle)

Matériel

◊ *Tissu viscose Abstract Mountain brique*

◊ *Fermeture éclair de 60 cm*

Le patron

J'ai modifié le patron du buste sur l'emmanchure, en la descendant de 2 cm, puis j'ai retracé la courbe du bas de l'emmanchure.

Voir photo 1

Pour la jupe trapèze j'ai gardé exactement les mêmes longueurs que la toile, mais vous pouvez bien entendu rallonger ou raccourcir, comme vous le souhaitez, la partie jupe.

Le patron de la robe

La réalisation suivante est identique pour le devant et le dos des pièces du buste et de la jupe. Positionnez, en vis-à-vis par la ligne de taille, les toiles du buste princesse monté et de la jupe trapèze devant. Alignez bien les milieux devant et décalquez les pièces sur du papier de soie. La ligne de côté des pièces n'est pas continue entre le buste et la jupe car la ligne de taille de la jupe est incurvée, donc les tailles ne se rencontrent pas. En vous fiant à la mesure du tour de taille du patron de jupe qui a été fait lors de la réalisation de la toile de la jupe trapèze bien ajustée, retracez le côté du buste afin de le mettre dans la continuité de la jupe.

Voir photos 2 et 3

Descendez l'encolure de 10 cm sur la ligne du milieu devant et de 1 cm le long de l'épaule et retracez l'encolure devant.

Séparez les pièces du buste et de la jupe afin d'avoir les patrons en papier de soie des deux parties du vêtement.

Le patron du col avec pied de col

La réalisation du col suit exactement le déroulé de la leçon. La particularité ici est que, pour le tracer, il faut partir de la toile du buste princesse, parties devant et dos assemblées, ainsi les lignes d'épaule seront complètes.

Voir photos 4, 5 et 6

1

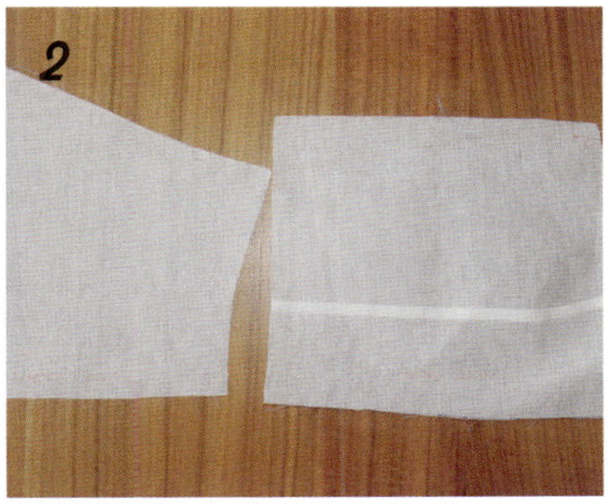
2

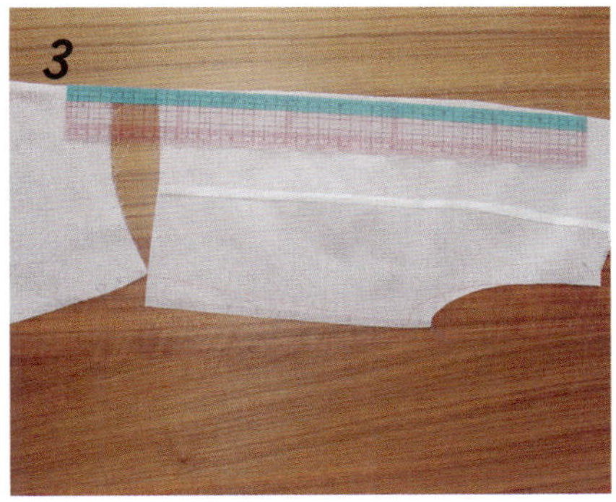
3

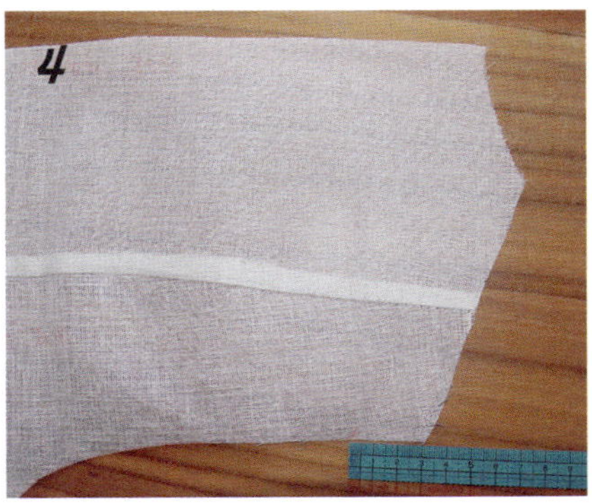
4

5

6

Le patron de la manche longue

Voir la leçon. Étant donné qu'il est prévu d'intégrer un volant au bas de la manche, lorsque vous mesurez la longueur de bras n'allez pas jusqu'au poignet mais arrêtez-vous 2 à 3 cm au-dessus du poignet.

Voir photo 7

Une fois la manche tracée, mesurez la longueur du bas de manche, ainsi vous aurez la valeur de la hauteur nécessaire à la réalisation du volant de bas de manche.

Vous pouvez réaliser le patron du volant en forme (en cercle) comme il est décrit dans la leçon (j'ai pris une hauteur de volant de 7 cm).

Voir photo 8

Le montage

La découpe des pièces

Maintenant que le tracé des pièces du patron et les adaptations sont terminées, démontez la toile du buste devant et dos. Sur la laize de tissu pliée en deux, mettez au pli les pièces du milieu devant du buste, de la jupe devant, du pied de col (qui est coupé deux fois au pli, car le pied de col comporte une partie contre le cou et une autre tournée vers l'extérieur) et du volant (qui est coupé deux fois au pli car il vous faut un volant par manche).

Les autres pièces : les côtés des bustes devant et dos, le milieu dos du buste, la jupe dos, et la manche sont coupés deux fois dans le tissu, et le tombant de col est coupé quatre fois dans le tissu (dessus et dessous de tombant de col deux fois, car il y a bien entendu deux tombants de col).

Voir photo 9

Entoilez les pieds de col et les tombants de col.

Voir photos 10 et 11

Le buste

Assemblez les côtés devant sur le milieu devant, endroit contre endroit.

Voir photo 12

Assemblez les pièces des milieux dos et des côtés dos, endroit contre endroit.

Voir photo 13

Surfilez toutes les marges de couture. Assemblez le buste devant et les pièces du buste dos, endroit contre endroit, par les épaules en veillant à faire se rencontrer les coutures d'assemblage des bustes. Ouvrez les coutures au fer et surfilez les bords. Surfilez les emmanchures et les côtés du buste. Assemblez ensuite le buste, endroit contre endroit, par les côtés. Ouvrez vos coutures au fer. Fermez les manches, après avoir surfilé le tour des manches, et assemblez le volant sur le bas de manche, endroit contre endroit.

Voir photo 14

Plaquez les marges de couture au fer vers le haut de la manche après les avoir surfilés et faites une piqûre sur la manche à quelques millimètres au-dessus du volant pour les fixer. Faites l'ourlet du bas du volant (un ourlet mouchoir est tout indiqué).

Montez les manches sur le buste. Mettez le vêtement sur l'envers et la manche sur l'endroit. Assemblez la manche, endroit contre endroit, en la glissant dans l'ouverture du corsage. Le bras est à l'intérieur du corsage. Veillez à positionner le cran de la tête de manche en face de la couture d'épaule, répartissez bien l'embu en épinglant.

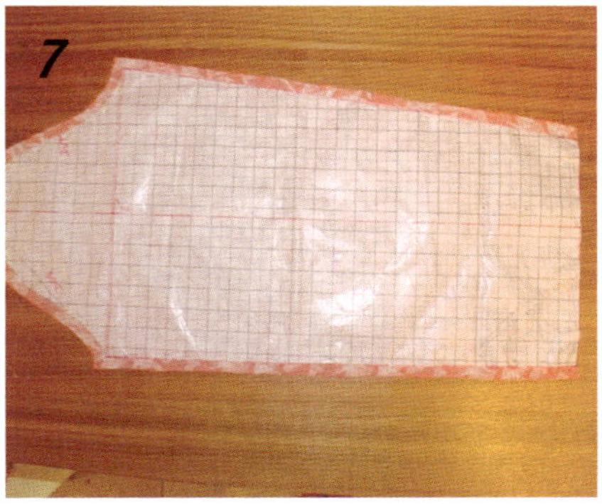
7

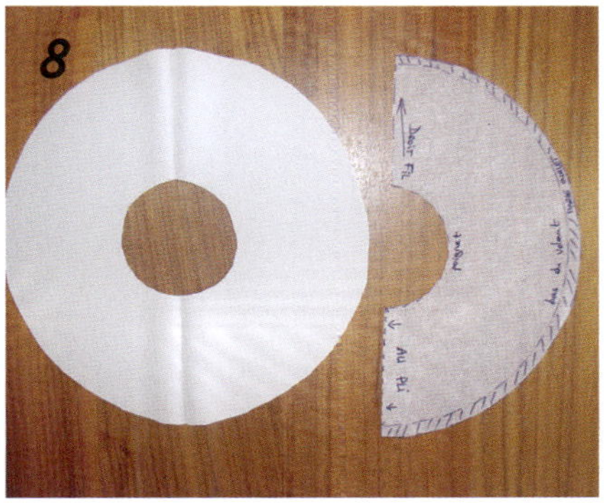
8

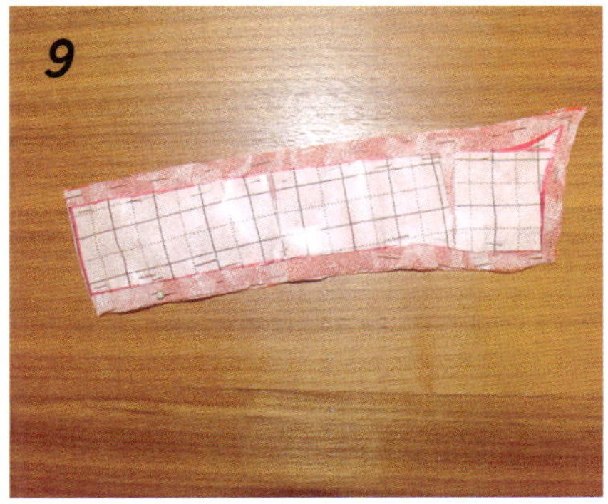
9

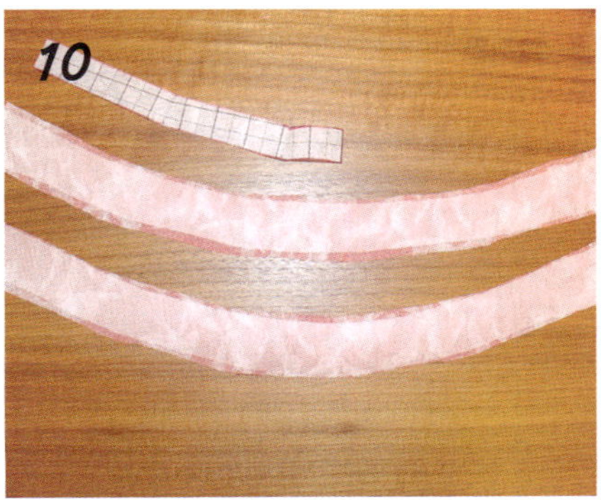
10

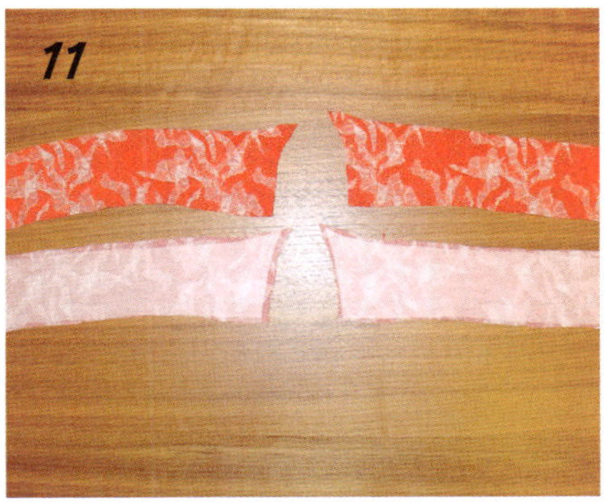
11

12

13

14

La robe

Assemblez, endroit contre endroit, la jupe devant et les jupes dos par les côtés. Surfilez les côtés et le bas de la jupe. Mettez la jupe, endroit contre endroit, sur le buste et assemblez par la taille. Surfilez les marges de couture.

Le col

Le montage du col suit les étapes décrites dans la leçon.

Voir photos 15 et 16

Le col comporte une partie intérieure (celle qui sera contre le cou) et une partie extérieure. Surfilez le bord non assemblé du pied de col.

Assemblez, endroit contre endroit, par l'encolure le pied de col extérieur sur le buste.

Voir photos 17 et 18

Le zip

Montez le zip sur le dos de la robe en positionnant le haut du zip quelques millimètres sous la zone d'assemblage des pieds de col intérieur et extérieur, afin qu'il borde bien le haut du col une fois le vêtement fini.

Lors du montage du zip, assurez-vous aussi que les coutures de la taille sont bien face à face, n'hésitez pas à bâtir le zip pour vérifier avant la couture.

Piquez le pied de col intérieur, envers contre l'envers de l'encolure.

Voir photos 19 et 20

Enfin, fermez le bas de la jupe sous le zip. Il ne vous reste plus qu'à réaliser l'ourlet du bas de la robe. J'ai réalisé un ourlet invisible.

La robe est terminée, avec sa belle jupe qui tourne, ses petits volants et son col ajusté, vous avez là une pièce qui ne va plus vous quitter !

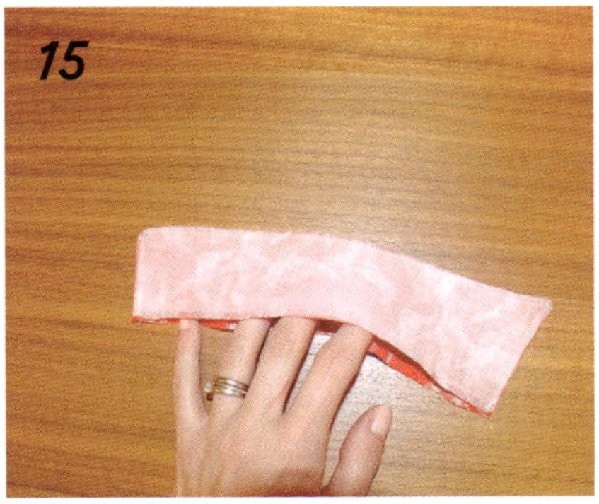
15

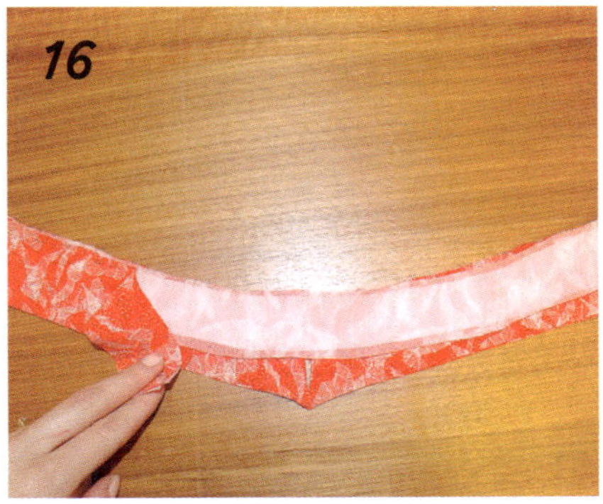
16

17

18

19

20

Remerciements

Merci mille fois à Mélanie et aux éditions Mango pour m'avoir donné cette incroyable opportunité et pour leur écoute à chaque étape de la réalisation de ce livre.

Merci à Virginie Garnier et Aurore Sfez pour leur magnifique travail sur les photos des modèles.

Merci à Caroline, Cécilia et Alisson pour leurs si beaux tissus et la confiance qu'elles m'ont accordée.

Je dédis ce livre à mon mari Matthieu et mes 2 petits garçons Victor et Oscar, qui croient si fort en moi et me poussent à accomplir mes rêves et plus encore.

Références des tissus / remerciements partenaires

Cousette
www.cousette.com
Robe tulipée : tissu Tencel fin denim
Robe manches longues : tissu viscose Abstract Mountain brique

Aniline
Blouse col plat : tissu crêpe viscose gingko lie de vin
Jupe à plis : tissu crêpe pois blancs sur fond noir

Les coupons de Saint-Pierre
www.les-coupons-de-saint-pierre.fr
Chemisier sans manches : tissu coton blanc

Cet ouvrage est exclusivement réservé à l'usage privé. Toute reproduction des modèles destinée à la vente est interdite.

Les éditions Mango

Des autrices et auteurs spécialistes, des créations uniques
Des ouvrages réalisés en France par des équipes passionnées
Des objets de qualité conçus pour durer
Des livres pour toute la vie !

Direction : Guillaume Pô
Direction éditoriale : Tatiana Delesalle
Édition : Mélanie Jean, Ophélie Candille assistée de Salomé Leger-Pereira
Direction artistique : Chloé Eve et Elise Goudelin
Mise en pages : Vincent Fraboulet
Photographies intérieures : Virginie Garnier
Stylisme intérieur : Aurore Sfez
Contribution à l'illustration photographique : Emilie Faurie
Photographie de couverture : Fabrice Besse
Stylisme de couverture : Sonia Roy
Préparation de copie et relecture : Delphine Thorner
Direction de fabrication : Thierry Dubus
Suivi de fabrication : Marie Dubourg
Photogravure : IGS-CP

3e édition - N° d'édition : 25L0198
ISBN : 9782317037382
Code MDS : MN37382
Achevé d'imprimer en janvier 2025 par Graphycems en Espagne.
© Mango, 2025
57, rue Gaston-Tessier, 75019 Paris
www.mangoeditions.com
Dépôt légal : février 2025

Produit composé de matériaux certifiés FSC® et de matériaux contrôlés. Cet ouvrage est imprimé grâce à des encres à base d'huile végétale, garantissant la démarche de développement durable de l'éditeur et de l'imprimeur.